农业供给侧结构性改革论文汇编

草 业

陈幼春 主编

中国农业科学技术出版社

图书在版编目（CIP）数据

农业供给侧结构性改革论文汇编：草业 / 陈幼春
主编 .—北京：中国农业科学技术出版社，2017.11
ISBN 978-7-5116-3242-5

Ⅰ.①农… Ⅱ.①陈… Ⅲ.草原资源 – 农业改革 –
中国 – 文集 Ⅳ.① F323.212-53

中国版本图书馆 CIP 数据核字（2017）第 221017 号

责任编辑　徐　毅　张志花
责任校对　马广洋

出 版 者	中国农业科学技术出版社
	北京市中关村南大街 12 号　邮编：100081
电　　话	（010）82106636（编辑室）　（010）82109702（发行部）
	（010）82109709（读者服务部）
传　　真	（010）82106631
网　　址	http://www.casip.cn
经 销 者	各地新华书店
印 刷 者	北京富泰印刷有限责任公司
开　　本	787mm×1092mm　1/16
印　　张	6.25　彩插 4 面
字　　数	140 千字
版　　次	2017 年 11 月第 1 版　2017 年 11 月第 1 次印刷
定　　价	68.00 元

— 版权所有·翻印必究 —

编 委 会

主　编：陈幼春

其他参编人员：（按照姓氏笔画排序）

　　　　　　　　龙瑞才　吕会刚　任继周　齐　晔　关君蔚
　　　　　　　　孙鸿良　约翰·霍杰斯　　李　敏　杨青川
　　　　　　　　张子仪　张铁军　陈耀春　岳绍先　洪绂曾
　　　　　　　　康俊梅

前言一

本书是就草业的发展问题的论述。

当东北大粮仓的农民明白,种籽粒玉米不如种粮草兼用玉米(如青贮玉米)多打粮又多打饲草、多赚钱时;进而种大豆则更有利时,时代的变迁对草业发展提出了新的要求。当养殖户大量购买紫花苜蓿,并进而大量进口,激发连片苜蓿种植时;当养殖户了解蛋白质牧草对各类畜禽养殖有举足轻重的作用时,他们对优质牧草便趋之若鹜。

当前,籽粒苋和紫花苜蓿的种植日新月异。我们将它们介绍给读者,并非单纯为了一新耳目,而是为了给农业增产、农民增收提供一些实例。本书收集了院士们、专家们的多年研究和试验成果,目的只有一个——为农业生产供给侧的谋略奉献我们的心愿和心意。

从种草到养畜是动物农业,也是大农业的重要一环,是一条长长的产业链。加之畜产品的加工从屠宰开始就需要大量的劳动力,尤其是有素质的劳动力;下一步是畜产品的深加工,又要求一条产业链来连接,又是需要劳动力;从草业的产品到畜产品的生产,及其深加工是另一领域的生产和市场体系,都得需要劳动力。这指明了可持续生产的前景和用工潜力。农民分化为进城和留乡,无论哪一种,都在寻找就业的门路,我们的《农业供给侧结构性改革论文汇编(草业)》为此都作了介绍,欢迎各界读者指点和批评。发达国家的经验是这样的,我们可以借鉴,但是我们又需要创新,籽粒苋生产是这样,苜蓿生产也是这样的,不是吗?发展苜蓿产业也要求这样的行动。

欢迎广大读者不吝指导,谢谢!

中国农业科学院北京畜牧兽医研究所原所长

陈纯春

2017年11月25日

前言二

《动物农业——可持续农业谋略与合作经营》出版以来受到读者的欢迎，现在余书已经不多了，这让一直就关心农业农村农民问题的我们十分高兴。我又就当前的三农问题继续收集论文。在看到任继周先生和张子仪先生等的著作时备受鼓舞，当征求能否收入他们关于绿化祖国和饲料生产类的汇编时，得到他们的鼓励："你怎么用都行。"于是我大胆地将多位老领导、老教授和老同学们的著作纳入了这本《农业供给侧结构性改革论文汇编（草业）》（以下简称《汇编》）之中。这些文献是多位院士和教授的深邃阅历和反复推敲的建议和体会，对我是莫大的鼓励、支持和关怀。于是我也将近年有关牧草种植，如籽粒苋大田生产、紫花苜蓿等蛋白质饲草类及绿化草种等的文章一并收入本书。非常感谢他们的积极支持，这是对发展畜牧业莫大的支持，是对三农改革的鼎力相助。

当我向杨青川表示要出版这本《汇编》时，他积极地表示资助，并提供了论文。对于绿化祖国山河我们是心连心的。这不，惊蛰节气刚过才两天，他已经奔赴内蒙古草地去了。"一打口号，不如一个行动"啊。祝他工作顺利！

几年前华永金泰投资管理公司与中扶惠邦生态农业有限公司在山西五台县的乱石山区开发出马粒苋；河北廊坊及内蒙古自治区库布齐沙漠开垦种籽粒苋，大田生产渐渐成了规模，生机勃勃。十分喜人，加上中国社会科学院刘振邦先生1995年在山东高密市启动的籽粒苋饲料生产试验，已历时20余年，已是可用之道，故乐于推荐。

愿未来的这本《汇编》能依旧受宠。本论文集有许多论述，十分深刻，由于本人知识所不及，审阅不到之处请多指教。并对各位院士和专家深表谢意！

前有导师勤指导，
今我同志更勉励。
青山绿水是导向，
携手企业奔大道。

陈纫春

2017年11月25日

目 录

庆祝十九大感言 1
畜牧业的强势低碳经济特征
——论几项可用的低碳经济畜牧技术 .... 陈幼春 2
论 FAO 中文译文含义的变化与后续效应 .... 陈幼春 10
一定要把生态草地农业做强做大做好 .... 陈幼春 13
籽粒苋的绿色农业基础物质有待进一步开发 .... 陈幼春 15
从生态农业到生态文明建设
——纪念马世骏先生诞辰100周年暨生态工程理念发表36周年 .... 孙鸿良，齐晔 18
必须将解决草原这样的大问题作为大事情来办 .... 陈耀春 24
养活世界人民
——大规模畜产品与小规模畜产品生产之间的和谐发展 .... [英] 约翰·霍杰斯 26
水资源和土地资源如何利用都与草原畜牧业有着千丝万缕的联系 .... 关君蔚 35
三鹿奶粉事件是忽视草业的直接后果 .... 任继周 36
草畜平衡是人与自然友好相处的关键 .... 任继周 38
饲草生产是国家食物安全与生态安全的重要保障 .... 洪绂曾 40
试论我国三元结构农业的内涵性改造 .... 张子仪 42
启动的农业三元结构时代 .... 陈幼春 48
创新技术带来了籽粒苋优质青贮饲料的面世
——一种苋培土致富的途径介绍 .... 孙鸿良，岳绍先，陈幼春 52
当前籽粒苋生产上需要重视的事项 .... 陈幼春 58
籽粒苋在国内外发展概况及四大优点 .... 孙鸿良，岳绍先 63
我国优良草坪、地被及水土保持植物资源及其应用 .... 李敏，吕会刚 65
苜蓿种质资源的分布、育种与利用 .... 杨青川，康俊梅，张铁军，龙瑞才 74
种苜蓿的社会福利 .... 陈幼春 88
李时珍论牛肉与人体保健 .... 陈幼春 89
论牛肉营养的十大保健因子 .... 陈幼春 90
附录－图集 93

庆祝十九大
感　言

赶上好时代，
全民奔小康。
庆祝十九大，
实现双百梦。
年长八旬余，
挽袖卷腿干。
老马勤嘶风，
融融于晚年。

2017 年 11 月

畜牧业的强势低碳经济特征*
——论几项可用的低碳经济畜牧技术

陈幼春

（中国农业科学院北京畜牧兽医研究所，北京，100193）

社会的发展自人类建立最初的养殖模式开始就一直与畜牧业联系在一起，它始终体现着人与自然的融合。现代化畜牧业在 21 世纪初这个科技迅速发展的年代，已经创造一系列发展低碳经济的条件，相关技术逐步成熟。这里提出几项供各地企业界和管理层讨论。

1 低碳经济的理论基础

低碳经济是指生产生活中少排放二氧化碳，它的直接意义是少用含碳的燃料搞生产，包括少用或不用木材、草料、碳、油料等；另一方面的积极意义是用植树造林来养气，以化解日益严重的大气污染和气候的恶化趋势。在这全球人口爆炸的年代，发达国家已经进入节能减排的管理，而发展中国家正面临强盛国民经济和强盛民族的当务之急，又面临全球气候恶化必须改善环境的当务之急。中国面临人口多土地少的压力，必须急起直追，建立起具有中国特色的低碳经济模式。现就有关的理论和论述介绍如下，以供讨论。

1.1 现代畜牧业与林草业

众所周知，森林是人类生存的氧吧，草原也是。钱学森先生强调草业的重要性绝非偶然。现代农业是资本密集型农业，又称"草食农牧业"，或营养体农业，其耕作制为混合饲养性的农牧结合制度。"草食农牧业"与"草地农牧业"虽只有一字之差，但却有着天壤之别。"草地农牧业"代表着在天然草场上放牧的原始农牧业；"草食农牧业"是用现代高附加值的人工牧草饲养草食性动物的营养体农牧业[1]。

现代农业有明确的定义，现代农业的总体定量标准为：①农业劳动力下降到占全国总劳动力的 20% 以下；②用于农业劳动力的投资占当年农业净产值的 40% 以上；③农业劳动生产率达到一个农业劳动力来自农业的收入可养活 10 人以上。20 世纪

---
* 原载于：联合国工业发展组织绿色专家委员会办事处的 http://www.ungn.orga。之后，被《饲料广角》和《江西畜牧兽医杂志》分别转载于各自的 2016 年第 16 期。感谢张宏福和陆泳霖先生将原文在媒体中找到

50年代的美国、加拿大，60年代中期的西欧、北欧，70年代的日本都相继达到上述指标，进入了现代农业阶段。农业劳动力的转移是农业现代化进程的核心，刘振邦（2006）指出，资本密集就是用资本代替劳动力，其结果是生产率和资本收益的提高。

1.2　现代农业的发展模式

现代的国民经济建立在现代农业之上，其发展要经过劳动力转移的阶段，按刘振邦（2006，2009）所述，劳动力转移可分为4步，西方叫梯度模式。前两步如下。第一步，改变农业内部的产业结构，把大量农业劳动力从种植业尤其是从谷物种植中转移出来，去种饲料，发展草食动物，留下少量人力大规模地经营粮食。可以说，农业现代化的过程不仅是农业劳动力的转移过程，还必然是调整农业内部产业结构的过程，其目标是拉长产业链，以适应加工和改善饮食结构的需要。具体做法是把大量耕地种草和饲料作物，饲养牛羊等草食动物，相对减少以谷物为饲料的猪等动物。2001年，美国有219万农户，其中专业化种草养牛户123万，占50%以上。荷兰65%的农户是专业种草养牛农户。第二步，农业劳动力转移可以改变国民经济和中小城镇的产业结构，大力发展食品工业，以便吸引农业劳动力。西方的经验，食品工业原料的80%来自畜牧业，15%来自水果和蔬菜，只有5%来自谷物。从种草和饲料作物到饲养草食动物，再到加工奶、肉、皮、毛、血、骨的加工业，产业链长，追加值高，就业面广，如果加上为其服务的第二、第三产业就成为农业和农村的发展方向。他认为我国提出的农业现代化标准不科学。中国最早提出四化：机械化、水利化、化学化、良种化，有的加上电气化。认识是深化了，但是未能同国际接轨，即只"化"，不转移人口，加大了成本，增加了农民的负担，很难提高农民的生产生活水平。

1.3　粮食安全的标准问题

随着国家经济的发展，人口的增加和人均消费水平的提高，对于农业生产及其产品产量和质量的要求也随之提高。我国连着5年粮食增产，农业的增产技术作出了很大的贡献，然而，粮食紧张程度并没有根本好转。

在我国，粮食生产达到什么水平才可以被认为是粮食安全呢？按照2008年国务院发布的《国家粮食安全中长期规划纲要（2008-2020）》（以下简称《纲要》），把粮食自给率不低于95%作为贯彻始终的目标。从国际贸易来看，进口粮食不超过国内消费的5%是保证国家粮食安全的"红线"。

由于畜牧业的发展，玉米作为主要饲料占有的比例已经达到饲料粮的56%，而大豆的进口量十分巨大。2007年我国进口大豆数量高达3 082万t，出口45.6万t。2008年进口达3 800万t，多了718万t。2009年达4 255.2万t。如果以此速度，中国每年进口的大豆占到世界大豆年产量的50%上下，就会突破我国年产粮食5亿t 5%的红线，这是个十分值得考虑的问题。尽管中国的国土面积广大，但是在近13亿人口的现实情况下，可以供应发展耕地的面积十分有限，在世界各国中我国属于可耕地不多的国家（表1）。

表1 20世纪初几个国家的人均耕地和谷物状况

	美国	法国	中国	印度
人均耕地/亩[①]	8.85	4.6	2.23	2.26
人均谷物/kg	1 317	1 158	357	212
亩产谷物/kg	149	252	160	94

作为食物供应的蛋白质问题，以豆类生产为例，中国的人均生产为4.23kg，印度为16.13kg，巴西为17.33kg，3个发展中国家巴西最好，印度也比我国高得多；连牛奶产量很高的新西兰也重视豆类生产，其大豆产量达到人均15.15kg。可见豆类也必须与其他作物一样受到重视。

从食品角度看，印度的奶类生产高于中国，人均达72.4kg，中国仅9kg（2001年）。发展中国家巴基斯坦为人均160kg，巴西为130kg，发达国家中与我国毗邻的日本为67kg，韩国为49kg。我国近年在奶业上下功夫，调整畜牧业的产业结构，是符合国家的长期战略目标的，说明牛业必须在畜牧业比重上进一步提高。

奶业发达国家都是人均牛肉产量很高的国家，如美国达43kg，加拿大达53kg，丹麦达33kg，法国达30kg，荷兰达25kg，以放牧为主的澳大利亚达1 151kg，新西兰达143kg。唯印度因为受到宗教影响，很少宰牛，人均才产牛肉2.83kg。我国不太重视养牛业的整体性，将奶业与肉牛业分割，距离发达国家对牛业的理解很远，使得人均牛肉产量也不过4.2kg。我国在这个问题上尚需调整理念。

1.4 "以粮为纲"农业系统的缺陷

这是指一条腿走路，还是两条腿走路的问题。以植物生产所得的产品，为人类所直接利用的部分不会超过25%（一般只有12%左右），而其余75%以上都要通过草食动物，尤其是反刍动物转化为动物产品。这部分生产所产生的产值将等于或大于植物产品的产值。任继周院士（2008）指出，中国传统的"以粮为纲"的农业系统至少存在着三重缺陷：

首先，是在植物生产层中把谷类作物以外的植物摒弃不用或利用不足，损失的生产力占一半以上，扰乱了植物生产层的结构，降低了植物的多样性水平，削弱了它的功能，达不到植物生产层可能达到的水平。

其次，是动物生产层的缺失，拦腰折断了生态系统，割裂了植物生产层与动物生产层的自然耦合机制，这是传统农业生态系统效益低下的致命"硬伤"。

[①] 1亩 ≈ 667m^2，15亩 = 1hm^2

再次是动物生产层中"以猪为首",降低了动物生产层的多样性水平,实际上建立了一种很特殊的"粮-猪"系统,这一系统没有给草食动物以应有的地位。凡是农牧结构比较合理的国家,牧业产值都在60%左右,而且以反刍动物为主,而中国与之相反。经常听到这样一种错误说法:西方人喜欢吃肉喝奶,而中国人只习惯吃五谷杂粮,因此不需要更多的畜产品。

任继周院士(2008)指出,"食物环境决定生物的食性而不是相反。'粮-猪'系统是不符合我国国情的。我国是贫粮国,养了4.6亿头猪,生产了全世界50%的猪肉,而美国是富粮国,只养了9 600万头猪,生产了全世界9%的猪肉。如果美国也舍弃草地畜牧业而走'粮-猪'系统,也养5亿头猪,他们的农业结构是什么状况不堪想象。"如果我国以牛羊取代1/3的猪,估计可节约谷物0.67亿t,节约耕地846.67万亩。总之,不论从生态健康来看,还是从生产效益来看,现代农业中畜牧业比重应不少于50%,而畜牧业中又应该以草食动物为主。我们不排斥养猪,只是全国的整体畜牧业的结构要调整,在牧区和半农半牧区更要强化牧业,不宜生产粮食的地区更要发展草食家畜。钱学森先生的草业论,是很值得我们去学习和深刻思考的。粮食种植是很重要的,与之有循环关系的牧业也不能偏废,否则就是一条腿走路。

法国是中小农场养奶牛,大约占农场总数的60%;大农场种谷物,实行规模化经营才能赚钱。荷兰在世界农产品进出口中占第二位,其鲜花占世界产量和出口的一半,但鲜花、水果、蔬菜的播种面积只占世界耕地面积的3.5%,大部分农户还是种牧草养奶牛;全荷兰于2001年畜牧业的比重在农业产值中占55.3%,种植业占44.7%。加拿大的农场中牛类农场数量最多,约占整个农场数量的36%。各国的奶牛饲养规模分别是:欧洲养牛户平均规模为22头,其中英、荷、德、法的平均饲养规模为50~70头,美国701头,新西兰150头,澳大利亚170头。他们大都以中小型农场为主。发达国家食品加工业原料的80%来自畜牧业,主要来自牛奶和牛肉,15%来自水果蔬菜,只有5%来自谷物。可以说没有牛业就没有食品加工业,也就没有农业的商品化和现代化。我国现有耕地面积人均1.41亩,参照联合国粮农组织的资料,我国人均耕地面积只相当于世界人均面积的2/5强,大约是美国的1/6,法国的1/3,阿根廷的1/7,印度的2/3。沿海经济发达地区只有人均几分地,而且随着改革开放和经济的发展耕地还在迅速减少。加上水资源十分匮乏,单一地提倡粮食安全,不改革大农业结构是不可行的。

2 低碳经济的实践示例

2.1 都市农业的比例和低碳经济

据陈印军等(2002)报告,北京粮食产量占全国粮食总产量的比重从1980年的0.621%,下降为2000年的0.312%。北京种植业产值占农林牧渔总产值的比重从1990年的55.6%下降为1999年的49.5%,再迅速下降为2000年的43.7%;而畜牧业产值比重从1990年的39.8%上升为1999年的44.0%，再迅速上升为2000年的50.6%。仅2000年北京就发展蔬菜2万hm^2，完成果树更新改造1.67万hm^2，种植牧草2万hm^2，粮经比例由1999年的64∶36调整为55∶45。2000年设施农业产值达到48亿元，比上年增长77%；观光休闲农业收入达12亿元，增长1.3倍。北京作为一个非粮食产区的调整已经进入良性循环，未来的调整会更好。

2.2 厩肥业的工业革命

自从厩肥被化肥代替和滥用化肥现象后，出现了耕地板结、黑土地退化等不良后果，此后有机肥的利用重新受到重视，厩肥的工业化时代就到来了。虽然化肥的意义依然不可忽视，然而厩肥生产已被业界视为可循环农业必不可少的组成部分，未来可循环农业要由它来支撑高产、高效，这样的宣传在发达国家已经众所周知，但在我国依然要大声疾呼，以改良传统原始的农耕农业和急功近利的化肥农业的观念。

目前，人们代之以粪便与秸秆生产沼气，成为生物能源。现代动物农业是生物能源的生产产业，中国在这方面随着世界大潮流的引导，不但有了很快跟进，而且取得了长足进步。根据《可再生能源发展"十一五"规划》，到2010年我国要建成沼气发电100万kW。北京德清源鸡粪沼气项目是大中型畜牧场养殖场废弃物排放治理中最有代表性的和成功的，被列为"全球大型沼气发电技术示范工程"。目前，沼气的日产量不少于15 000m^3，沼气中甲烷含量不低于60%，实现了热电肥三位联合的供应系统。北京市可持续发展科技促进中心李俊报道，德清源的新兴厌氧反应器的发展从池型、进料系统等多方面设计出高固体含量畜禽粪便沼气发酵反应器，提高了能源化利用率，解决了脱硫技术，为我国大型畜牧企业的畜禽粪便发电建立了榜样。当然，目前这样的发电设备依然成本过高，需要进一步研究。

中小型的畜禽粪便生产沼气池，为农村提供、普及了绿色能源。北京大兴区长子营镇民营村沼气站，为7个村1 659户提供清洁能源，年处理畜禽粪便12万t，惠及村民5 900余人，已于2009年3月18日开工，显示了首都清洁能源上的先进理念。沼气项目处在发展之中，其中《畜禽粪污沼气化处理模式及技术体系研究与应用》于2009年获得四川省科技进步一等奖，解决了选用技术不科学、沼气工程效能低、沼液处理达不到标准、运行费用高等几大问题。

2.3 有机肥与物质的循环利用

有机肥的微生物发酵，如EM菌综合发酵在中国有了长足发展。据北京生态文明科技发展中心于2002年对湖南加华肉牛公司合作生产的生态源牌有机肥腐熟物的化验结果，全氮为1.08%，全磷为0.73%，全钾为1.15%，有机总量为73.9%，腐殖酸为19.2%。重金属元素含量都低于有害成分标准，经湖南省化肥农药质量监督检验站确定为合格产品，用于烟草和瓜果生产，市场供不应求。

有机肥是当前一切有机食品如有机水稻（大米）、有机蔬菜和瓜果等生产的必备物资，发展前景远大。

2.4 植树种草的积极意义

植树种草除了理论上的意义外，也具有实际的生产意义。草地畜牧业，或称草地农业，是"有机农业"的一个分支。它是将生态系统中植物生产与动物生产两个生产层加以系统耦合，达到最大生产效益的系统。稻谷、小麦、玉米、冬种黑麦草、青贮玉米和多年生人工牧草，这6种作物每公顷的产量分别为5.3t、2.75t、3.6t、16.6t、20.0t和9.0t。无论是牧草还是青贮玉米，其干物质产量和蛋白质产量都比三大粮食作物的籽粒的营养价值高，甚至比它们全株的营养价值都要高3~4倍。在南方的上海、江苏、浙江、安徽、福建、江西、湖北、湖南、广东、广西[①]、海南、重庆、四川、贵州和云南等15个省、市、自治区，共有水稻面积近2 500万hm^2，假设其中40%，即1 000万hm^2为冬闲田，可以在冷季种植一年生牧草（黑麦草、小麦草、燕麦等），按农田当量计算，相当于1 440万hm^2，同时增产310万t粗蛋白质。这相当于生产全国近2 000万t禽蛋所需的粗蛋白。南方15个省、市、自治区的玉米种植面积为609万hm^2，玉米主要用于饲料。如果将其中的1/3，约203万hm^2的粮食玉米改为青贮玉米，相当于355.25万hm^2"农田当量"的耕地，有168万t的粗蛋白质产量，足够全国牛和羊全部用实施舍饲饲养的饲料需要。南方有用天然草场建立的人工草场，6 700万hm^2可以建成高产人工草场，能产出粗蛋白质1 800万t。其他尚有不宜利用的荒漠和半荒漠，在基本休牧状态下可以改造。按任继周院士（2008）的测算，我国可能新增农田当量和饲料粗蛋白质产量潜力见表2。

表2 我国可能新增农田当量和饲料粗蛋白质产量

地区	农田当量/万hm^2	饲料粗蛋白质/万t
南方农田地区	2 532	2 538
南方天然草场	1 500	1 800
北方农田地区	3 715	3 384
北方天然草场	1 200	2 725
合计	8 947	10 447

贵州省毕节地区是中国生态脆弱的区域之一，养猪是耗粮型畜牧业，由于一直用粮食养猪，当地的猪肉价格一直上升。贵州大学在当地推广种苜蓿养猪，起到了良好效果，饲养成本从每头907.2元减少到648.9元，育肥后体重相近，养普通猪每头节省饲料费75元，养瘦肉型猪每头节省120元。饲养上少用水冲猪圈又减少了环

---

① 广西为广西壮族自治区的简称，下同

境污染，提高了经济效益。

2.5 全面认识秸秆利用的意义

开展秸秆的机械化加工具有提高粗饲料利用的效果，如德国的卡尔（KAHL）公司对作物秸秆的加工技术和设备能有效提高粗纤维的利用效率，主要的工艺包括通过粉碎、化学处理、加热和加压，使其可以作为一种廉价的饲料添加成分。可以在秸秆的原产地加工成颗粒饲料，以免将秸秆做长途运输，或者在添加有效营养成分后作为复合饲料来利用。其中化学处理可以用氢氧化钠溶液、碳酸氢钠溶液、液氨或尿素稀释液等，以提高秸秆的营养成分。可以将秸秆打捆、压块或制成颗粒，以利于本地储备和远途运输，必要时可以作为救灾物资。

2.6 共轭亚油酸（CLA）

共轭亚油酸具有防癌功效，上海光明乳业股份有限公司王广文报道，这种亚油酸在牛的瘤胃中产生，是牛脂肪和甘油三酯在微生物生物脂肪酶的作用下产生的。奶牛饲料用大豆、向日葵、棉籽、豆科牧草优质配方牧草能生产 CLA 牛奶，喂这种牧草生产的牛肉富含 CLA。CLA 的保健作用由美国国家研究委员会（NRC）于 1996 年验证，是唯一具有抗癌作用的动物源脂肪酸，抗乳腺癌、直肠癌、肝癌等疾病十分有效；同时在抗粥样动脉硬化，增强免疫力，调节脂肪代谢和减少糖尿病的发生率上效果显著。

目前，中国农业科学院北京畜牧兽医研究所反刍动物研究室通过饲养改善牛奶品质，提高牛奶中的 CLA 含量，于 2004 年攻关成功，投放首都市场已有数年。CLA 保健牛奶的核心技术是应用现代生物技术，完成 CLA 合成基因筛选、日粮营养素优化组合和瘤胃氢化过程调控这 3 个关键技术的集成应用，使 CLA 含量从普通牛奶的 3~10mg/100mL 提高到改善后的 50mg/100mL 以上。

2.7 微生态制剂模式

微生态制剂用于秸秆加工，制作玉米秸青贮时粗蛋白质率达 8.19%，运用该技术制作的饲料适口性好，肉牛增重速度为不用的 2.06 倍，喂奶牛（山西阳泉奶牛场）相当于每头牛一年多收入 1 956 元。在山东邹平喂蛋鸡提高产蛋量 6.7%，在山东青岛喂仔猪降低黄白痢 95%，饲料转化率提高 12%，增重速度提高 11.1%。微生态技术还可以用于菜籽饼脱毒后喂猪和鸡。

该制剂的优点可以归纳为：净化水质，节省用电用水，延长产品保鲜时间，改善肉质适口性，降低有机污染物的分解和降低 BOD、COD、SS 的浓度，降低环保成本，除蚊蝇，分解垃圾中的有机质，提高资源循环利用率，降低肉、蛋、奶的胆固醇和脂肪，生产绿色畜禽产品，减少出栏时间等，是可以广泛使用的成熟技术。

总之，植物与动物，种植业与养殖业，是互补和协调的关系，互存是大自然生存的法则。对大自然的局部大突破，就会有大反复；气候反常、自然灾害就是大自然对恶劣环境作出的反应。低碳经济是做弥补缺陷的工作，是对大自然的补偿，这种顺势而行的举措占有天时地利人和，必然也蕴藏着无限生机。

3　科技园区的低碳经济考核要求

低碳经济在我国也已经有可用的成熟技术，虽然这些技术引进时间长短不一，有些高端技术，如发电方面尚需学习，然而，它们已经有不小的作用。对企业和生产单位也提出几条考核的指标，具体如下：①单位生产耗能总量减排指标是否符合国家要求；②对发展林草业的重视程度，历年发展进度和成就；③养殖业与草业的结合程度，历年发展进度和成就；④食品加工业的发展成绩；⑤第一和第二产业的发展程度和成就；⑥企业的发展对当地城镇建设的贡献。

参考文献

[1]　刘振邦.农业现代化之路.中国农业出版社，2006：178-198.

怀念刘振邦先生（2017年1月6日星期五）

论 FAO 中文译文含义的变化与后续效应

陈幼春

（中国农业科学院北京畜牧兽医研究所，北京，100193）

联合国粮农组织（Food and Agriculture Organization of the United Nations，FAO）是大家已经熟悉的国际机构名称。然而它的全称是怎样的呢？在中文含义上有什么区别呢？

据《中国大百科全书·农业卷》的解释为："联合国系统内最早的常设专门机构。其宗旨是提高人民的营养水平和生活标准，改进农产品的生产和分配、改善农村和农民的经济状况、促进世界经济发展并保证人类免于饥饿。"（中国大百科全书·农业卷，中国大百科全书出版社，1990：535）

又据《不列颠百科全书(中文版)》的解释为"联合国系统内最早的常设专门机构。建于第二次世界大战末期，其宗旨是消灭饥饿，改善营养状况。"两个百科全书的中文全称一样，解释基本相同。

在《中国大百科全书》中，食物（food）的定义为：供应人体营养需要，使人能生长、发育、繁殖和从事体力、脑力活动的物质。食物是农业生产最重要的组成部分，是人类赖以生存和社会赖以发展的重要基础。由农业提供的食物大致可分为植物性食物和动物性食物两大类。植物性食物包括谷物、藻类、豆类、水果、蔬菜、食用菌、植物油、食糖等；动物性食物包括家畜肉和奶，家禽、蛋以及鱼类和其他水产品等。（中国大百科全书·农业卷，中国大百科全书出版社，1990：1 033）

Food 是食物、食料、食品、滋养品。不解释为一种食物。（现代高级英汉双解词典，牛津大学出版社，1978：429）在 the concise oxford dictionary（new edition，1982）中第一条为：Food, n. substances（to be）taken into the body to maintain life and growth.（不列颠百科全书，380页）食物，名词，维持生命和生长的物质，随后说明维持体力，脑力活动等，泛指广义的食物，与《中国大百科全书》的解释含义相同。

粮食作物（food crop），在《农业大词典》（农业大词典编辑部，中国农业出版社，1998：953）上释义有二：①广义的指食用作物，狭义的则专指谷类作物；②收获的产品富含淀粉、蛋白质，能供作人类主要食物的一类作物。如稻类、麦类、豆类、薯类等。（该条文在"食用作物学"上分为谷物、豆类、根茎类）（中国农业百科全书，农作物卷482页，中国农业出版社，见中国台湾编译馆出版社，1966）两者的内容一致。

可见，简称的粮农组织中的含义是指粮食作物，而且是指狭义的谷物。于是这种变化的社会效益是什么？

目前国内将其称为"联合国粮农组织（FAO）"，显然是省略了字眼。"粮农"一词的词义一路收窄，由广义的食物，越来越指狭义的粮食作物。这有什么不同呢？"农业"简称为农字之后，意义没变，"粮食"简称为"粮"字之后，初看没有不同，再看之，则省略一个"食"字之后，也将"食"字的意义略去了。"食"字的一个意思是食材、食物，有种植业的大米、小麦、谷子、高粱、大豆等谷物，也有养殖业的肉类、蛋类、奶类，以及鱼类、藻类等"海产品"，都为食材，也都是农业的一部分。粮食变成了粮一种，其含义也随之变窄了。

学术意义的变化，引发的是人们活动和行为的变化。社会效应是什么？

其一，草业。草业是钱学森先生一生提倡的产业，然而在农业领域一直不受重视。我们一提就是18亿亩农田，那么近4倍于其面积的60亿亩草原呢？我国草原占土地的40%，直接产品是牧草，持续产品是草食动物生产层，是肉、奶、毛、皮、畜力及其后加工产品。当前，对其关注程度，显然没有对农田那么重视。

其二，种草养牛。"牛吃的是草，出的是奶"，让奶牛业真正成为高科技优质高产奶业。以德国为例，他们的高产奶牛，完全利用优质牧草饲养，不用精料就达到头均年产8 000~10 000kg牛奶的高产水平。而我国要让一头奶牛日生产20kg的牛奶，每天至少饲喂20kg青贮饲料。先进国家利用紫花苜蓿就达到上述每年每头生产8~10t牛奶的水平。近年我们的紫花苜蓿业虽然有长进，但是在行政层面上的支持力度不大，进步缓慢。要养好牛，种好草，可省粮。如果要像重视粮食业那样重视草业，现在的草业和牛羊业的情况就会有较大的长进，那么可能当前的牛羊肉短缺和牛羊肉很贵的情况也就不会那么严重了，也就不用进口那么多的苜蓿、奶粉和牛羊肉了。

其三，营养体农业。从饲料角度，玉米是高产的，大豆低产。提高玉米种植面积，压低大豆种植面积，以解决口粮问题，是与我国人均耕地面积短缺有关的，是重大的国策，理所当然。可是高油玉米和高蛋白玉米都是全株富含淀粉和蛋白质的农作物，却得不到应有的重视。因为人们只重视谷粒高产，对全株营养价值不重视。如麦秸蛋白质含量微乎其微，奶农却大量用来饲喂奶牛，导致牛奶蛋白质含量低，于是有人添加三聚氰胺，造成儿童"大头娃"事件。农民是不知情，但不法营销人员钻了空子。问题的根本在于着眼对大农业宏观理念的调整。用优质玉米青贮作奶牛饲料，或用紫花苜蓿生产安全奶源都可以，可见营养体农业的提倡需要不断地强调和宣传，并且必须关心蛋白质不足时期国人面临的营养问题。

目前，商家不但进口奶粉，而且进口鲜奶，甚至也大量进口苜蓿干草，使生产、养殖成本越来越高。产业链条越来越不合理，其根子却源于宏观农业发展不到位！不是吗？

以"提高人民的营养水平、生活水平和生活标准，改进农产品的生产和分配，改善农村和农民的经济状况，促进世界经济发展并保证人类免于饥饿"为宗旨，多支持扶贫脱贫工作，保障米袋子、丰富菜袋子、充盈钱袋子、提升大农业经营管理水平，发展西部和欠发达地区农牧业，构建我国和谐的小康社会，为引领发展中国农业可持续发展作出贡献。

大农业的宏观理念涉及几十个学科，本人专业知识有限，盼望指点，请各行各业的专家多提供依据，指点迷津，讨论有关问题，为大农业深入有序发展作出贡献，做大贡献，谢谢！

★如《创新技术带来了籽粒苋优质青贮饲料的面世》一文所介绍，目前籽粒苋大田生产已进入实用，如中煤神州节能环保有限公司在河北廊坊、内蒙古库布齐沙漠，和华永金泰投资管理公司与中扶惠邦生态农业有限公司在山西五台县的乱石山地开发籽粒苋大田生产，养牛、羊和猪都取得成功，需进一步加强技术和增加生产面积，为小康社会多作贡献。2017年1月16日星期一。补充。

2014年9月3日

一定要把生态草地农业做强做大做好

陈幼春

（中国农业科学院北京畜牧兽医研究所，北京，100193）

据贾立君报道，2014年于7月18日在内蒙古自治区首府呼和浩特市出席"第三届中国草业大会"的中国工程院任继周、李文华、张子仪等9位院士，曾联名倡议我国"耕地农业"应向"草地农业"转型。立意为**应顺饮食结构变化推动农业结构转型**。这些专家认为，近30年来我国人均直接消费的粮食从1986年的207kg降到2010年的148kg，降幅达28.5%之多。指出"这是一场在人们不知不觉中完成的食物革命"，为13亿人口大国的食品安全提供了保障。

已经发生的这场革命是一场食物革命，使我国传统的"耕地农业"无法承受现代社会发展的需求。

任继周等院士在倡议书中说，社会发展尤其是城镇化步伐加快，使得"食物结构的转型与我们不期而遇"。据报道，2010年城镇人均口粮约为80kg，只有农村的一半。作为"主食"的粮食在食物中比重不断下滑，而动物性食品一路飙升。全国人民的小康社会建设对食品结构有着新的、但是可以预测的趋势。专家用"**食物当量**"的概念，即"*以食物的热量与蛋白质含量为基础，综合而成的用以衡量食物的统一标准计算*"的意思。按照人均口粮和家畜饲料统一折合的"食物当量"，中长期内我国城乡居民的口粮需求约为2亿t食物当量。由此可见，饲料需求量达5亿t，是口粮的2.5陪，这将使我国传统的"耕地农业"无法承受。未来15年，我国动物产品的人均消费将保持较快增长，然后还将进入一段相当长的缓慢增长期，这意味着饲料的需求将急增，而且是长期性的。

近几年来粮食进口量不断提高，2009年达4 570万t，2012年超过7 000万t，这必然会"**不利于国家食物安全**"。任继周等院士表示，如果将口粮和家畜的饲料分开计算，我国口粮早已满足需求，而饲料则严重不足，且缺口越来越大，这个缺口需要包括饲料植物在内的牧草来填补。

专家表示，以家畜中饲料转化效率最高的猪为例，生产1kg猪肉需3kg饲料，而要维持一个包括大、小、公、母的育肥猪群体，其肉产量和所需要饲料之比则为1∶3.5，而不是1∶3；按2011年我国年人均猪肉消费37.7kg计算，需要饲料131.95kg的食物当量。如果全用粮食做饲料，仅此一项就比人均粮食消耗量还要多出一成，加上国人还要消费的牛羊肉、禽肉、蛋和牛奶也需要大量饲料，那就需要 2.5 亿 ~3 亿 t。这是惊人的数字！

种植饲草的出路。 今后我国动物饲料需求量还将随动物性食品增加而上升。近几年，我国进口饲料玉米、大豆、苜蓿干草，以及牛羊肉、乳品量成倍增长，而世界贸易中的饲料缺口比粮食还大。

任继周院士认为，解决这一困局的出路在牧草。特别是优质牧草粗蛋白质含量在 16%~20%，而小麦为 12%，大米为 8%。一亩优质牧草，相当于 3~5 亩小麦的营养源，而蛋白质则比小麦多出 4~8 倍，因此，我国应当以有限的水土资源去种牧草，来补救饲料的奇缺。

种植饲草就必须发展"草地农业"，需统筹生态、食品安全和就业

院士们认为，适应我国食物结构的农业系统，已经不是"耕地农业"，而应向"粮草兼顾"、重视"草地农业"的结构转型发展。"草地农业"是将包括饲用植物在内的牧草和草食家畜引入农业系统，把耕地和非耕地的农业用地统一规划，重视牧草发展。

他们建议，除了占全国国土面积 41% 的 60 亿亩天然草原以外，在耕地上实施草粮、草林、草菜、草棉结合等方式，通过科学技术挖掘各类农用土地的生产潜力，可在满足社会的基本农产品需求的同时，生产足够的饲料，创造较高的产值。一旦实施了"草地农业"战略，我国蛋白质产量比目前进口大豆豆饼的蛋白质还要多，仅这一项就相当于约 3 亿亩耕地，同时，可把农村劳动力外流而全荒或半荒的耕地利用起来，从而增加至少 10% 的耕地面积，相当于 1.8 亿亩耕地的生产力。

他们表示，实施"草地农业"战略还可以保持水土、培肥地力，有利于抗灾减灾、维持生态安全，还可延伸产业链，吸纳就业，提高经济收益。

任继周等认为，"草地农业"是兼顾生态和生产、粮食和饲料，适应时代发展，迎接城乡统筹，面向全球经济一体化的新型农业系统，也是我国破解发展难题、优化农业结构的一个伟大转变。

60 亿亩天然草场当然要考虑在内的，不过不是随意开发，而是要有条不紊地进行，必须要有科学科技的支持，加上合作制的经营以及培训农牧民的工作，方才可行。

笔者感谢贾立君先生于 2014 年 7 月 20 日新华网《顺应饮食结构变化趋势　推动农业结构转型——9 名院士倡议我国"耕地农业"向"草地农业"转型》一文简明扼要、铿锵有力的报道。

籽粒苋的绿色农业基础物质有待进一步开发

陈幼春

（中国农业科学院北京畜牧兽医研究所，北京，100193）

籽粒苋在我国开发为优质饲料作物是一个创新。国外仅利用其籽实做营养食品或添加剂，而我国则以其茎叶全株做青贮饲料，不仅对反刍动物适宜，对猪、鸡等家畜家禽亦适宜，而且可取代部分玉米饲料，起到"以草代粮"的作用。[1]

将籽粒苋纳入大田作物的饲料生产是作物的新体系。它含有3个内容，即绿色农业、生态农业和可持续发展农业。其中可持续发展农业就是全程贯通的使畜牧体系和饲草体系两者得以良性循环的农业。

目前存在几个问题值得讨论。

1 籽粒苋大田生产目前还是一个短板，与战略方向不明及科技支撑力度不足有关

习主席指出，我国经济存在"阿喀琉斯之踵"，即短板之意；目前，农业这个大头经济体的支撑能力，正受18亿亩耕地红线挑战的局面。饲料大田生产更是缺乏科技支撑，其发展能力自然不足。当前，饲料大田的概念尚很浅而生疏，对其重视也不够，尚未作为独立的生产体系来研究，属于明显的短板。

社会学家刘振邦先生对中国农业和农村经济有深入的研究。他曾指出：一则，要把食品工业作为我国农业和农村经济的主导产业。食品工业是朝阳工业，是永不衰败的工业。食品工业上游可以拉动种植业和畜牧业，下游可以推动加工业、流通业和整个第三产业。食品工业要建在原料基地，发展食品工业可以推进城乡一体化。二则，要重视畜牧业。要把畜牧业作为现代农业的重要方面。食品工业原料应来自于畜牧业。畜牧业的发展，起步阶段可以积极发展家禽业，现今，特别是应重视奶牛业。在现代食品工业中，乳和乳制品的范围最为广泛，因此发展牛羊等草食畜禽要作为畜牧业的重点；要积极发展饲料作物，要积极推进种植业由谷物－经济作物的二元结构，逐步向谷物－经济作物－饲料作物的三元种植结构转化。三则，要发展农民合作社。在市场经济条件下合作社是中国农民在经济上必然要选择的道路。合作社是农民进入市场的载体，是农民提高思想文化素质的学校，是政府联系农民、调整农业经济的纽带和抓手。他再三指出，饲料作物的种植是我国农业结构中的短板。

看来饲料大田生产是明显不过的"阿喀琉斯之踵",其中籽粒苋的大田生产更是"踵中之踵"。

在籽粒苋的生产上,中国农业科学院作物科学研究所岳绍先和孙鸿良教授从1982年引种开始,坚持研究几十年并通过审定籽粒苋优良品种7个。1995年笔者曾与刘振邦先生合作在山东高密市开展用籽粒苋养牛的实践活动并获得成功。2013年山西省五台县宣布中扶惠邦投资(北京)有限公司在孙鸿良指导下,在该县种苋养羊成功,得到中国扶贫办的肯定。2016年河北省永清县中苋生态科技(深圳)有限公司在孙鸿良指导下用籽粒苋青贮饲料养猪,树立了可以不用或少用粮食饲料的范例。在这个艰难开发的过程中,专家们曾经过了漫长的岁月,遭受了无数的褒贬,但辛勤不负有心人,多年来在用苋青贮饲料喂牛、羊、猪等家畜的饲养上皆取得了一定成果,各自有了成功的范例,令人鼓舞。

于光远先生在26年前就明确指出"在我国推广籽粒苋具有战略意义",这一论断具有先见之明,目前已经初露曙光。可喜的是有关部门的领导和专家们纷纷在籽粒苋大田进行考察,籽粒苋的名字再也不那么生疏了。籽粒苋饲料大田生产这个"阿喀琉斯之踵"日益成为人们趋之若鹜的产业,发展形势很好。

2 要以民为本,在提高籽粒苋大田的承载力与生产后劲上下功夫

土地的肥力具有动态平衡的性能。历史证明,乱用化肥会消耗地力,造成土地板结,使得作物产量一年不如一年;如果补肥得当,作物产量年年提高。种籽粒苋这种高产作物更需要使用钾肥与氮肥,为全面增产还要使用有机肥,以保证产量不断提高。用喂养过籽粒苋饲料的畜禽厩肥更可满足其要求,籽粒苋全株钾的含量高,其根系又很发达,最好不过的是来做有机肥还田根系及粉碎还田。

"以民为本""天地之大,黎元为先"。发展籽粒苋新产业,要以民为先。此前籽粒苋生产基地大多都在扶贫工作上,方向是对的。但是对土地培肥的全面投入,也是对保证8亿亩耕地红线的作为,这样才可达到农田可维持发展。

3 要完善青苋刈割饲草的青贮

中苋生态科技(深圳)有限公司在河北省廊坊市永清基地将籽粒苋在孕穗期刈割后青贮,取得了成功。他们用袋装青贮30~40天后喂猪。青贮中添加了秸秆和麸皮,伴以发酵菌,水分为60%~65%;在拌菌种的青贮袋内,经过发酵混合饲料的蛋白质含量可提高到18%~21%。用于喂猪,虽没有用粮食,猪吃了依然生长快,毛色亮。初步结果是受欢迎的,也很发人深省。

不过,添加一定量的精料也是必要的,它可使猪的生长更快些,以符合猪的生长发育规律。饲料报酬会高些,经济效益会更高一点。

饲料包装用青贮打包机打包,有的是一吨一包,有的是百吨一包的长包,用时切短,为饲养场提供运输方便;青贮贮存时间长达两年后喂用,品质未受影响,可

见适用性良好。

现今，中煤神州公司在山西西部的露天煤矿复耕地上种苋，也取得成功，体现出籽粒苋具有在干旱、贫瘠土地上生长和吸水能力强的特点。他们还准备发给当地养羊的牧民以羔羊，长大后再收购，以发展家庭养羊，初步的反应是积极的。这种大胆地在煤矿复耕裸地上种植籽粒苋是积极的尝试，可以提高土地的附加值，应该会有良好的前景。一开始就与当地牧民联系喂牲畜，是加快试验成功的开放思路，立足于民，备受欢迎。可以认为大面积土地上可以生产籽粒苋青贮饲料，作为商品直接出售，这是一种可行的选择。

必须要指出的是，在煤矿复耕地这种贫瘠的土地上复耕，不能要求一开始就高产，尤其是复种初期，能达到绿化、全面覆盖地面，就是成功。以后必然会在连年复耕的情况下使地力不断提高，土地由贫瘠而成熟，而成好田肥田，为农业的丰收打下基础。

4 系统研发籽粒苋饲料的营养价值与制订标准

开发籽粒苋饲料要重视饲喂标准。举例说，对待饲养奶牛，有人打比方："给的是草，出的是奶"，这话是看着好懂，只是一句俗话。其实只是说喂牛要喂草，并没有说要喂好牛得喂好草。对于高产的奶牛不但在泌乳期阶段要给好草，在不挤奶的干乳期也得喂好草。否则高产牛怎么能够在一个泌乳期生产出 9 000~10 000kg 的牛奶呢！饲养家畜是一门专门的科学，不能掉以轻心，即使用蛋白质含量丰富的草喂好一头羊出栏，也不能只用一种草一喂到底。要分析其中的道理。理念的短板必须首先要克服，或者与科研单位联合开发籽粒苋饲料，根据该饲料种类结合畜牧业产品的开发就相关市场问题开展工作，制订出标准，才有这种优势。由于种类会很多并且与合作社有关，进入市场营销范围，也有另外一类问题要注意。籽粒苋饲料必须按畜禽种类和个体生长阶段，如不同的发育和育肥阶段各自需要的那样，进行配方，方能呈现其长处。作为蛋白质丰富的饲料，籽粒苋饲料一定能在畜牧业生产上发挥更大优势，带来更大的经济效益。该产品无论是生产者自用或者出售，都宜测定成分后用，不能懵着或猜着使用。生产必须讲成本，出售也是如此。精打细算才算科学，才会进步。既然研究所的专家是籽粒苋饲料生产的引路人，还应立项继续深入研究，宜从速启动，全面开展研究才能指导未来的生产和推广工作。

饲料生产进入畜牧业的产业链，就是农牧结合生产全程的一环，其产品的质量就是对绿色农业的检验，对全程的保证。

总之，下一步就是标准，有了标准就能联合行业，合作开发，为以后进入市场打下基础。企业可领头，促进其市场进步和发展。

略有增修，2017 年 3 月 10 日

参考文献

[1] 岳绍先，孙鸿良，唐德富.籽粒苋在中国的研究与开发[C].北京：中国农业出版社，1993.

从生态农业到生态文明建设
——纪念马世骏先生诞辰100周年暨生态工程理念发表36周年[*]

孙鸿良[1]　齐晔[2]

(1.中国农业科学院作物研究所　2.清华大学管理学院)

摘要："整体、协调、循环、再生"是马世骏先生1979年提出的生态工程理念。他指出："生态工程是应用生态系统中物种共生与物质循环再生的原理，结合系统工程的最优化方法，设计的分层多级利用物质的生产工艺系统"。1987年马世骏先生又进一步指出："运用了生态工程原理建立起来的农业才是生态农业"。本文以几个生态农业模式表明其理念的准确性、先进性，并阐释生态农业是当代生态文明的重要组成部分。生态农业由一个个生态工程所建成，而生态工程实质上是生态设计，要以生态学原理为依据。最后提出加速生态农业建设的几点建议。

关键词：生态工程　生态系统　生态农业　生态文明

1 以生态工程促进生态农业发展

马世骏先生于1979年就在有关环境保护的国际会议上发表了生态工程的理念；1987年在《中国农业生态工程》一书中对生态工程与生态农业系统及生态环境保护作了详细阐述。他指出"生态工程是生态学原理在资源管理，环境保护和工农业生产中的作用[1]"，更系统阐明了中国农业生态工程的原理、类型与基本原理。他指出："工程是指人类设计的，具有一定结构的工艺系统。生态工程则是应用生态系统中物种共生与物质循环再生的原理，结合系统工程的最优化方法，设计的分层多级利用物质的生产工艺系统[1]"。生态工程的目标就是在促进自然界良性循环的前提下，充分发挥物质的生产潜力，防止环境污染，达到经济效益与生态效益同步发展。它可以是纵向的层次结构，也可以发展为由几个纵向工艺链索横连而成的网状工程系统[1]。又说"将生态工程原理应用于农业建设，即形成农业生态工程。也就是实现

---

[*] 2015年12月5日正值马世骏先生诞辰100周年之际，由生态学会等单位主持召开了回顾马世骏学术思想的报告会。马世骏先生曾对环境保护的生态原理，社会·经济·自然复合生态系统理论，生态工程原理，现代生态学发展方向以及我国环境保护与可持续发展实践等作过精辟概括与指引。本文仅回顾农业生态工程概念，并列举几个成功的生态农业建设模式以说明生态农业建设是当今生态文明建设的重要部分

农业生态化的生态农业[1]"。"可以认为，农业生态工程就是有效地运用生态系统中多个生物种充分利用空间和资源的生物群落共生原理，多种成分相互协调和促进的功能原理，以及物质和能量多层次多途径利用和转化原理，从而建立能合理利用自然资源，保持生态稳定和持续高效功能的农业生态系统"[1]。继而又简要指出："运用了生态工程的整体、协调、循环、再生原理建立起来的农业才是生态农业[2]"。

人类对生态系统的改变曾超越了自然生态系统稳定性和恢复力的边界，造成生态系统退化。换言之，石化农业的理论和实践不符合生态工程原理，急需以生态农业对其进行改造甚至替代。20 世纪 80 年代末 90 年代初，各地纷纷发展生态村、生态县，这与马世骏先生的生态工程理念在全国迅速地传播有关。同时国家连续几年发布的 1 号文件皆是调整农业产业结构的也起到重要作用。早在 1990 年年初，全生态农业试点就达 2 000 多个，及以通过评审的生态村、乡、县、市等达 100 多个。马世骏先生对此成果也有所肯定，他在笔者 1993 年所主编出版的《生态农业的理论与方法》一书的序言中写道："生态农业在我国的兴起，有其政治、社会、经济背景，现时各地建立的生态农业试点（或称农业生态工程、废物资源化工程等）已不同程度地显示出它在缓解粮食、资源、农村能源、人口（就业）、污染五大世界性重大社会问题所起的作用，同时对我国农村经济增长做出了贡献"[3]。

2 生态农业能使农业生产力与生态环境建设同步发展

"生态"是指生物与其周围环境的关系，"生态学"是研究生物与环境关系的科学，生态环境是包括人在内的生物所在的物质环境。生态农业是按生态系统的"整体、协调、循环、再生"理念建立起来的农业，它既能充分发挥生态系统生产力，又能与周围环境建立能量、物质输入输出平衡的生态整体协调发展的关系，并循环往复生生不息。下面几个实例表明农业生态工程理念的正确性与先进性。

2.1 西北荒原地区绿洲农业的林网＋农田种群结构整合模式

西北荒漠地区的香日德镇位于青海省柴达木盆地南沿、丝绸之路重镇都兰县西行 60km 处，海拔 2 800m 的河滩绿洲所在地的小麦、果菜种植区内。香日德在气候上属于暖温干旱带，7 月平均气温 22~26℃。有效积温以及光合有效辐射量、水分补充条件都基本上能满足中晚熟春小麦生长发育的需求，加之昼夜温差大，有利于农作物营养物质的积累。众所周知，在这里于 20 世纪 80 年代初就出现了春小麦单位面积产量最高生产力的水平，小麦单产达 15 195.0kg/hm²，相当于一亩地产小麦 1 013.0kg。究其原因除去品种适宜以外，林网与农田的优化整合也促进了小麦高产稳产。也就是相当于农田与林地的面积比为 3∶1 的组合下，林网对小麦起到了生态保育与屏障作用。因此，这里的小麦田一向不必打农药，而且霜冻与风害大为减轻。据笔者 2002 年在实地考察，见到他们以 600 多条（2 000 万株）乔灌木组成的林网守护着一个个方格状共 2 000hm² 的农田。小麦的金色花穗饱满而整齐，无病虫害，如同一幅幅引人入胜的画卷。在荒漠地带严酷而多变的气候条件下更要注意充分利用自然生态条件来抚育农田，而利用林网作为生态屏障共同建设的做法促使了农田生产稳定，降低了投入、提高了效益。这种一定面积的"生态用地"[4]与农田组合所构成的半人工生态系统模式所发挥的功能正是林木与作物两种群落结成一个整体所发挥的整体功能，调动了生态系统自组织功能。

由此例可以看出，生物生态系统由多个种群组成，生态系统的结构决定功能，人的作用是调整好生态系统的结构以促进其功能、组织的效能而获得高额而稳定的生产力。这就是马世骏先生所说的改善，这就是马世骏先生所指导的整体与协调原理的应用。

2.2 稻田养鱼的生物种群的共生互惠模式。

我国稻田养鱼已有 2 400 多年的历史，2013 年全国稻田养鱼面积 152 万 hm^2。近年来推广的稻田养蟹、稻田养虾、稻田养鸭，取得了更大效益。例如 2013 年辽宁省盘锦市稻田养蟹 15.5 万 hm^2，产蟹 6.5 万 t 等，仅河蟹一项全市农业人口人均收入达 1 650 元；湖北省潜江市在改造底湖田，用一稻二虾途径取得了明显效益[5]。这种两类生物种群之间的共生互惠、循环再生作用不仅仅使双方皆提高了生产力，而且改善了土壤肥力，低碳排放，使生态环境得到改善，生态系统得以可持续发展，这就是马世骏先生所说的互惠循环再生原理的应用。

2.3 内蒙古东北农牧交叉区畜群"西繁东育"的大尺度生态系统循环经济的转运模式。

位于内蒙古①草原东部的通辽市属科尔沁沙地植被腹地，这里的沙地植被曾因常年过度放牧而严重退化。据政府统计，20 世纪末曾开始长距离农、牧结合的途径使得沙地得以休闲保护，使沙地面积由 133 万 hm^2 减少了 60%，这是我国草原地区四大沙地植被中唯一出现"总体逆转"趋势的一片沙地。逆转原因是农牧生产运用了畜群"西繁东育"模式使沙地得以季节性休闲。据笔者 2003 年 8 月在实地考察，见到当地牧民正兴奋地将冬春季节在西部沙地繁育出的黄牛幼仔，在夏秋季节浩浩荡荡向东部农区转移。这对牧区是减轻了沙地过牧压力，对农区是通过畜群采食农田残留收获物的同时起到积粪的土壤育肥作用，在促进农牧业发展的同时改善了生态环境。为了协助畜群转移还见到沿途设有多种驿站——饲料站、药浴站及黄牛交易市场等。这是一种区域性大尺度长距离循环经济模式，西部沙地植被在休闲复生演替情况下数年内已得到了基本恢复[6]。生态系统的边界大小由设计者界定，这是一种大尺度生态系统内调动循环经济成功的模式，农牧产业之间在物质能量上起到互补作用，促进了经济效益的提高。

---

① 内蒙古为内蒙古自治区的简称，下同

2.4 黄淮海平原产粮区填补优质饲草生态位，以提高总体生产力的生态系统组分平衡模式

黄淮海平原为小麦、玉米主产区，一年两熟。但缺乏优质饲草，仅靠作物秸秆使牛羊难以发展，特别对良种家畜而言。作物秸秆的蛋白质含量多在4%以下，急需种植蛋白质含量高的饲草来填补生态系统中衰弱了的生态位。因此引进了高产优质的粮饲兼用作物美国籽粒苋并取得了良好效果。试验地点在山东高密市，畜种是意大利皮埃蒙特肉牛，原计划建成纯种胚胎工程繁殖基地，对饲草品质要求较高。如购进口美国紫花苜蓿，其粗蛋白含量达20%左右，但价格昂贵；而国内种植的紫花苜蓿，其粗蛋白含量大多降至13%左右而达不到要求。在这里有10%左右耕地属低产田，由于土壤次生盐渍化即黄河入口处的土壤沙化现象，这些农田有些已弃耕。籽粒苋不仅粗蛋白含量高（据莱阳龙大食品厂分析室测定其叶片为28%，茎秆14%），且有抗旱、耐盐、固沙、耐土壤瘠薄的能力。试验设计是用自然的籽粒苋鲜茎叶与玉米秆、小麦秸按7∶1∶2比例制备成的青饲料，58头青年母牛与5头青年种公牛饲养300天。在试验期内，总增重7 710kg，明显增加了收入，每千克肉牛成本才3.262元（按2002年折算）[7]。生态系统是由相当于平衡数量的生物种群组分与优质生物种整合而成的，任何生态位的衰弱都会使生态系统转运阻滞而使总生物体生产力降低。因此从生态系统外引进优良适宜种质资源，以健全生态位不仅使生态系统各组分平衡、能量转化与物质循环畅通，达到总体生产力提高，而且劣质土壤得到改良而达到与环境建设同步发展的效果。这是生态农业提高生产力的同时改善生态环境的可纳入生态文明建设体系的又一成功例证；也是马世骏先生所提出要"应用生态系统中物种共生与物质循环再生的原理结合系统工程最优化方法，设计的分层多级利用物质的生产工艺系统"[1]的具体初步应用。

3 生态农业建设是生态文明的重要组成部分

习近平同志提出的保护环境就是保护生产力，改善生态环境就是发展生产力的理念十分重要。我国曾因过垦过牧以及不适当利用而造成山、水、植被等生态资产遭受极大破坏，如今仅靠"退耕还林还牧"或"土地绿化""减排低碳"等是不可能彻底解决的，其仅仅是使受破坏的植被通过休闲缓慢地进行群落复生演替而已。因此，需要生态环境彻底改善才能有效地发展生产力，需要通过人工智能手段将生态与环境之间形成相互适应的关系以及发挥生态系统自组织等功能才能使农业生产稳定与可持续发展。同时，环境也能得到根本保护、修复与重建。上面所举几例证实了生态农业能把经济效益与环境结合起来，使经济效益和生态效益统一起来。由此可见，生态农业建设是我国实现农业可持续发展的重要途径，是节约资源和保护环境基本国策在农业生产中的体现，是激发农业生产后劲与环境建设同步发展的途径，也是生态文明的一个重要组成部分。

生态文明建设的基本要求是尊重自然、顺应自然和保护自然，这与生态工程不

谋而合。在这里，尊重自然就是要充分尊重生态系统自我维持、自我演替、自我组织的智慧，顺应自然就是要充分了解顺应利用生态系统的结构与功能，而不是盲目改造甚至破坏生态系统。这样设计出来的生态系统才能真正实现保护自然的目标。我们相信，建立在生态工程基础上的生态农业在全国生态文明建设中将发挥不可替代的作用，同时，对于广大农村地区扶贫问题也有十分积极的作用。

4 加速生态农业建设的几点建议

（1）普及生态工程理念与方法。建议在各部门积极开展培训，设置相关课程，应全民系统普及生态学、农业生态学、实体经济学与系统工程等等学科知识和实践案例，政府决策部门干部、年轻的农业创业者或中、高等农业院校的学生们以及广大村官更应学习生态学知识，避免以局部建设代替全部建设的简单做法。

（2）出版与重版有关书籍。有的著作虽已出版几十年，由于基本理念与规律不变仍值得再版。例如马世骏院士关于生态工程的著作，钱学森院士关于系统工程的著作等。

（3）加强立项，研究农业生态工程的技术体系的建立需展开有关的定性、定量指标体系，以及生态资产受损后的负债补偿、制度。

（4）开展学术活动，讨论在新发展、新生态建设以及新常态经济的时代要求下，农业生态工程的发展战略方向与智能建设手段，农业生态工程建设如何纳入生态文明建设体系等，特别是在电商、互联网时代如何通过其手段加速为生态农业建设服务。近期尤需在"走向生态文明新时代"[8]等刊物上开展讨论以掀起各领域生态农业与生态文明建设高潮。

（5）在大学与研究机构设置生态学、系统工程系、农业生态学课程，扩大研究生招生计划。

5 结束语

正值马世骏先生发表生态工程学理念 36 周年庆，与钱学森先生提出第六次产业革命及规划农、牧、草、沙、海产业的系统工程方法等发表 30 周年之际，我们在走向生态文明的今天对其理念才恍然大悟，如获至宝，令人感慨不已。虽然迟到了数十年，也许还为时不晚。因为在纪念钱学森第六次产业革命理论 30 周年交流会上，钱老的儿子钱永刚说了这么一件事：当年钱老的孙子对爷爷说："爷爷，你真伟大"！爷爷说："要说我 50 年前做的那些事伟大的话，我将在 21 世纪的作用更伟大！"[9]至今我们才领悟到他们的科学预见性是何等卓越，他们早就为我们后代在农业生产与环境同步发展的科学理念、战略方向，系统工程的技术与方法等方面做出了杰出的全面的指引。现在发挥其更大作用的时机来了，我们藉此能为一股的伟大科学家们接着完成他们在当时未完成的科学梦，也将是一件十分重要而幸运的事。

参考文献

[1] 马世骏, 李松华. 中国的农业生态工程 [M]. 北京: 科学出版社, 1987: 1-3.

[2] 孙鸿良. 生态农业的理论与方法 [M]. 济南: 山东科学出版社, 1993: 1-2.

[3] 孙鸿良. 生态技术早就了作物高产不衰的典型——重访青海香日德地区春小麦高产田的启示 [J]. 中国生态农业学报, 2007, 15(2): 181-183.

[4] 张红旗, 王立新, 贾宝金. 西北干旱生态用地概念及其功能分类研究 [J]. 中国生态农业学报, 2014, 12 (2): 5-8.

[5] 黄祥旗. 稻田养鱼在改革开放中重新崛起——稻田养鱼是水田生态系统农渔双赢的典范 [J]. 重庆水产, 2015(3): 8-11.

[6] 孙鸿良. 我国北方地区扩大林草面积的成功模式以及其纳入草地生态农业体系的生态学依据 [J]. 中国生态农业学报, 2009, 17(4): 807-810.

[7] 陈幼春, 孙鸿良. 籽粒苋青贮喂肉牛效果分析 [J]. 北京农业, 2002(5): 26.

[8] 周生贤. 走向生态文明新时代——学习习近平同志关于生态文明建议重要论述 [J]. 中国生态文明, 2013(1): 6-9.

[9] 中国系统工程学会草业系统工程专业委员会. 钱学森之谜 [R]. 中国系统工程学会草业系统工程专业委员会专业信息, 2015.

必须将解决草原这样的大问题作为大事情来办[*]

陈耀春

草原是一个大事情,而且是长期没有得到很好解决的一个事情。从我们国家的经济发展看,与过去已经大不相同了,我想应该是解决这个问题的时候了,又因为是全国多民族,所以我提几点不成熟的意见。

第一,我国草原面积60亿亩,占国土面积总额的41%。为了促进草原生态环境的恢复与改善,为了促进草原畜牧业可持续发展,为了提高全国226个牧区的旗、县和半农半牧牧区的旗、县广大人民的生活水平,我建议国家考虑实施一个草原生态和经济优化的工程。

第二,我们国家曾经用了十多年的时间成功解决了全国肉、蛋、奶这些畜产品的需求,现在从占有量来讲,我国人均鸡蛋的占有量已达世界较发达国家的水平,人均肉类的占有量也是大大超过了世界平均水平。大概在20多年前,实施了一个"菜篮子工程",据了解,这个工程在全国投资1 000多亿元。由于各级政府各方面的重视,该工程实施比较顺利。那么从目前来看,我刚才说过,国家经济和当时不同了,所以解决这样的大问题必须作为大事情来办,如果还是像过去那样的做法,即使有很大改进,不下大力量要想迅速改变草原的经济现状不大现实。所以说"菜篮子工程"的经验虽然有很多不同的地方,但是也有许多共性的地方,这个可以作为这次解决草原生态和经济问题一个有益的参考。

第三,下一步我建议在最近10年以内,全国43亿亩可利用的草原,拿出4亿亩可利用条件比较好的草原地区加以重点建设和管理,配备相应的饮水、施肥、收储、青贮等配套设施,有条件的地方可以种植一部分饲料地作为补充,有条件地区逐步推行分期轮牧管理等措施,在这4亿亩的草地上初步实现机械化作业。其他还有30多亿亩的可利用草原,原则上实行限牧、休牧、禁牧和季节性放牧,另外采取适当的人工措施以恢复植被,改善生态环境。抓住这个4亿亩作为全国草原建设的重点。我粗略算了下,根据我国现在牧区的载畜量,把4亿亩草场搞好,现有的载畜量大部分能够承担。就是说在降水为400mm以上、气候条件比较好的地区提高到

---

[*] 本文为作者在2003年全国草原畜牧业可持续发展高层研讨会上的发言。作者系中国畜牧协会会长,原农业部畜牧局局长

一个多一点的羊单位,雨量比较少的高寒草原地区争取提高到一个羊单位,形成拳头。当时搞"菜篮子工程"时国家下大力量进行支持,把京、津、沪等全国25个大中城市作为重点来解决菜篮子若干问题。因为整个铺开搞的话我们不可能有这样的条件,所以,有条件的地区利用一部分草原来重点加以建设,实现现代化、机械化的可能性还是有的。

第四,就是在最近的5年里,除牧民自食牛羊以外,草原地区要尽量实现牛、羊当年出栏,肉牛犊基本实现当年转到农区或半农半牧区去异地育肥,减少草场压力。另外,限制细毛羊数量,牧区的马匹减少30%;大力推行牛、羊等草食动物的良种化,这个主要是从减轻草原压力考虑的。

第五,如何以4亿亩草地作为优化工程,我估计每亩草原大概需要投入250元,这个当然不是很宽裕的。

第六,以上工程建议由国务院直接领导,因为草原地区实际上是综合性的,包括政策因素在内,是综合治理的问题,由国务院直接来领导会有力得多。当年"菜篮子工程"是在邓小平同志提出的城市要搞机械化,养鸡、养猪要搞机械化来解决城市畜产品问题,是在中央直接关心领导这样的力度下。那么,解决草原这个长期存在的问题,没有一个大的力度,这个问题不好解决。建议由蒙、青、藏、甘、贵、川、黔等省、自治区领导亲自来做这件事,项目可以由农业部直接来管理。

第七,重点扶持一片基础比较好的龙头企业,在肉、奶、草、加工等各方面进行扶持,根据市场经济的需要进行扶持来带动牧区经济的发展。

当然,这里面还有教育的问题等等,这也许是理想化的想法,只要大家努力,国家重视,草原地区是会改变面貌的。

养活世界人民 *
——大规模畜产品与小规模畜产品生产之间的和谐发展

[英]约翰·霍杰斯

据统计，2050年世界人口预计会增加30亿，总计将达100亿（其他机构预计90亿人，编者注）。在这个紧要关头，现在的生产体系能养活整个世界吗？

今天，世界上70%的食物是由亚洲、非洲、拉丁美洲数十亿的小规模农户、牲畜养殖者或牧民生产的。过去十多年的创新性研究表明，对于这些小规模的初级生产者，针对当地的生产资源、气候等条件，有针对性地提高管理技能，可以大幅度提高粮食产量。

世界上有将近一半的人口仍然生活在农村，依靠土地生活。基层技术的新发展只需要低水平的投入，适当的科学知识推广服务，并与政府协助相结合，易进入市场。许多政府间的或非政府机构正致力于促进小规模农场和农户的发展。

食物链——和谐？压力？还是无序？

今天，农场到消费者的食品链是一项复杂的人类活动，在西方社会和全球贸易中，食品已经成为要过手很多的商品，因为它需要被重新出售等环节。食品已经不仅仅是简单地耕地、种植、养殖和销售给当地消费者那么简单的事。贸易活动的上下游包括种子、化肥、设备、饲料、动物保健品、燃料、银行金融机器设备、包装、以及副产品处理、环境保护等。

今天的贸易伙伴不再限于当地，经常是大规模、跨国的从事农业或者食品行业从而获得利润的企业。农民和消费者不再面对面完成交换。与农民打交道的往往是位于世界另一头的律师和市场，律师起草法律合同、考究条款规范，而市场最终确定价格。

人际关系在个体中间只起很小的作用。要促进现代食物链中的和谐，要促进现代食品规范行为；需要依靠高层商务人士的领导，教育员工按照这些道德层面的规范做事；需要政府制定平等的法律，不偏袒任何一方。与农民或其他贸易伙伴交往时，一些商人能做到透明、公正和有担当。然而，对于大多数加工企业和商人来说，现

---

* 译者：刘杨，陈敏；校者：陈幼春，艾琳，程玛丽

有体制影响深远，即便是商品流通过程中短暂的过手者，主要目的也都是追求利益，这使得交易的透明性和平等性常有缺失和被忽视。

最近几十年，食物链发生着重大改变。在本文中没有尝试让时光逆转，而是去探析今天的食物链，为如何在可预见的将来养活世界上100亿人口寻求答案。我们需要抓住变化的契机，直到最近，家庭农场才纳入西方农业结构，而今天大部分亚、非、拉美国家，小型家庭农场相当普遍。因此，不希望回到过去，我们需要认真检查过去那些真的使西方农民走向繁荣的最有效的政策和经验，以及其为食物可持续生产和食品安全做出的贡献。

我的家人说明了改变的速度：将近百年前在英国的爷爷每周从市里去一次Banbury（靠近牛津的小县城附近的农贸市场）从农户妻子那里买鸡蛋、奶酪、鸡，还有兔子，然后在他的两个零售店里卖。现在，与之不同的是，少数几个大型的食品公司和超市与国际大卖场结合控制着从食品到消费者的供应和销售。他们彼此竞争市场份额并从消费额中获得更多的利润。

为此他们希望可以得到更便宜的食品以吸引消费者，远离竞争对手的超市。这种减少成本的压力逐级回到食物链最终回到最初生产者身上，可能的方法就是扩大生产规模。现今，在西方几乎没有小规模农户或畜牧业生产者存在，当他们知道经济体系可以将他们任意使用时，他们感觉很脆弱。畜牧产品集中在拥有数十万畜禽生产能力的大企业中。

这些投资电厂进行食物生产的企业拥有者不是农民，他们可能从来没有去看过工厂。这种产品需要高资金、技术、矿物燃料、水的大量投入与少数劳动力的投入。更准确的描述应该是工业食品生产而不是农业。商业只是集中在利益上，因此很容易从食品生产转移到其他利润更高的投资上。食品安全是有风险的，比如已经显现出来，当经济诱因导致玉米与甘蔗由于生物燃料的吸引，逐步远离食物链。美国目前使用其三分之一的玉米产量生产燃料。从市场将食品看作为商品，金融投机会导致食品价格的波动。食物价格竞争导致发展中国家儿童营养失调。该报告的作者指出，自由市场使人们为了赚钱而将食物变成了商品，这导致了食物链的压力、震荡和食物短缺。最典型的是农民得到的利益很少。

养活世界的各种观点

讨论的核心在于小规模畜产品生产与集约化畜产品之间的和谐问题。集约化大规模体系控制着西方食品生产，在那里农业雇佣的人口数量不足国家劳动力的5%。这对于欧洲和北美的传统农业是一个痛苦的过程，有令人信服的迹象表明向着大规模农业转变已经走得太远了。直到最近，很多决策者、政客和商业领导一直认为集约化食物生产是在可预见的未来养活70亿~100亿人口的唯一途径。对于投资者来说，集约化大规模食品生产是非常吸引人的唯一途径，因此对食品长期的需求甚至比对石油的需求还要稳定。持有这种观点的人也认为小规模农户不可能增加食品产量。

已经几十年了,很多发展中国家的小农户都被忽视了。然而这种情况正在改变。日益增多的杰出的思想家,农业和发展领域的科研院校正在关注发展中国家的小规模农户,将其视为养活世界人口的必不可少的一部分。

这种观点的产生是由于意识到规模化食品体系已经达到了可持续生产的极限,而越来越多的人意识到小农户能做出的贡献要比之前所预想的多得多。

因此,小规模农户的权利已经得到了最重要的政府机构的支持。这些机构包括联合国粮农组织(FAO)、联合国发展计划署(UNDP)、世界银行、国际农业发展基金(IFAD)、联合国环境规划署(UNEP)、国际农业研究咨询小组(CGIAR)和其他组织。

联合国已经申明2014年是家庭农场年。许多非政府组织支持将发展重点放到小农户身上,小规模食品生产者、农民、牧民组织的协会或组织数量也正在增长。意义重大的是,在2012年召开的(联合国可持续发展大会)"里约,20亿峰会"上世界各地政府都认为绿色农业最有希望在未来几十年养活世界人口。

绿色农业将小规模农户看作是重要资源,因为最近研究食品产量的增加是技能提升的结果。近几年关于全球最全面的研究是联合国在2005-2007年组织的,汇集了上百个科学家、农业发展专家、决策者、经济学家、政府还有商业代表写的研究资料,名为《十字路口上的农业》。它确定了持续复制和扩张集约化生产规模的不可持续性并且特别意识到通过提升发展中国家规模农户的技能增加食品产量具有重大潜力。

然而,关于如何养活100亿人口的两大观点仍很紧张。一方是为提升亚、非和拉美农民的技能,致使投资、科研、推广的运动越来越多。这些农民和他们的家人加上没有土地工作在农场上的劳动力数量有几十亿,并且提供35%的世界劳动力。另一方面有一个非常强大的游说队伍希望在发展中国家通过大规模种植农作物和生产畜产品来增加食品生产的集约化程度。

重要的是,实现和谐要能协调两种观点,既在政策层面,又在实践上实现和谐。和谐在政策水平与实践上的共同发展是必要的,无须冲突。对于整个世界来说,要养活百亿人口,规模化与小规模生产方式必须齐头并进,共同发展。然而目前的经济体系过去常常在世界食物链中运营,几乎很少或者没有为小规模农场提供空间。经济体系本身就反对小规模者,这是一个不公平的赛场。今天近一半的世界人口在农村,但进一步而言,在未来几十年有30亿人口会增加到农村人口的数量中,这样农村地区的人口会大量增加。

大多数新增人口将出生在农村或第三世界的棚户区贫困家庭。这部分众多的人口,他们的背景和技术都扎根在农村土地,必须作为解决世界粮食问题的重要参与者。让统治集团将几十亿人驱逐到城市的平民窟是不人道的,也是不文明的,城市将不能正常工作。

不幸的是,由于食物链被无规则的自由市场框架操纵,此前景并不被看好。除非市场规制为农村和食物而修改，否则我们将看到工业化食物链继续扩张，几十亿农村人口被城市边缘化、还有被否认的繁荣。

提升小规模经营农民和畜牧业养殖者的技能

许多人认为，小规模粮食生产是原始的，无法改变的，甚至许多政治家，科学家和商家领袖也持有相同观点，这个看法是错误的。全球有几亿的农民从事着小规模家庭农场，他们的生产、消费以及覆盖几十亿人口的本地扩大化市场销售，就占到了全球粮食供应的70%。非洲90%的粮食产自小规模经营农民。清楚地说，每个农场只有几公顷土地，生产各类作物及畜禽，而这些畜禽，通常情况下，以啃食集体共有或共同管理的大部分天然草地为生。这些小规模的家庭生产者分布广泛，逐渐形成了与各自环境相适应的耕作方式。一些农民会适度增加外部投入，但受资金紧缺的影响，这一群体根本无法实现农业的高投入。一些小规模经营农民往往在种植园、大型牲畜基地和城市附近从事着低级的密集型农业。走出他们的生活的社区，这一庞大的群体对于养活全球不断增长的人口，又能做什么呢？首先，为工作，他们全身心地付出，能适应不断变化的环境，机智勤劳，全家协作，妇女小孩齐上阵；养殖业经验丰富，能适应当地千百年来形成的各类逆境和顺境，包土地、水、天气从热带到亚热带）、旱地、沼泽地、盐碱地、红树林、低、中、高海拔地区等。再者，是最为重要的，是他们利用本地自然资源的技能和经验，如本地的粮食和饲料植物品种、自然植被等拥有悠久的文化记忆，在应对播种和收割的高峰期、灾难来临的危机期，知道如何同生共荣，如何齐心劳作。当然，对缺乏技能和奉献精神的小规模经营农户和合作社进行过详细研究和分析，所要改变的地方，可以通过长期投资农村教育去改变这些不足。德文达列举了许多小规模农场成功和前景好的例子。

不幸的是，小规模经营农户还面临着其他问题阻碍其前进。在亚洲和拉丁美洲，特别是非洲，农民越来越多的成为"土地攫取者""水资源攫取者"的受害者。富有的个人、公司、主权财务基金，来自海湾地区和亚洲的一些国家政府，以低价购进了优良的农业用地，并在此基础上发展种植业和集约化的养殖农场。农民可以从一些有良心的投资者手中获得相应的补助，但多数情况，小规模经营农民只能获得最低赔付，买家与地方政府合谋，使农民只能被迫离开他们的土地。此外，为土地登记者制定的法律通常也是缺失的。21世纪头十年，土地水资源攫取现象严重，已有62个国家受到影响，并且这一个数字还在增加。

提升小规模经营农民的技能，既是挑战，又为农业发展、研究、推广带来了良好的机遇。这种有针对性的技能提升，有利于增加粮食产量。巨大的人力资本和社会资本能够从寻求到自身的发展，也能为生活在棚户区无望的孩子们提供一个更加美好的未来。有针对性的技能提升意味着从基层工作做起，从上到下，而非自下而上。此外，除了有针对性地提升基层技能，小规模农场还需要改进基础设施建设，为市场提供更多的食品。19—20世纪的欧洲和北美，基础设施在早期小规模经营农民技能的提升上发挥了关键作用,包括市场、道路和交通建设,以及推进农民自发组织,形成生产者合作社小型乡镇企业发挥了重要作用。韦伯利曾就发展中国家小农场有利的贸易选择进行了讨论。

近年来,关于在发展中国家"有针对性地提升农民技能"的基层项目研究不胜枚举。普瑞德及其同事详细地列出了40个项目,遍布20个国家。这些国家,在20世纪90年代及21世纪头十年,大力发展可持续集约化农业,造福了近千万农户,改善了约1 200万 hm^2 土地质量。通过实施"有针对性的技能提升",截至2000年,标准管理农地、牧场、鱼塘每公顷产量平均提高了213倍。普瑞德及其同事认为这些项目的研究结果对于数以万计的非洲小农民和牧民十分有效。除了以上40个项目外,书中还提到了另外4个例子,简要概括了几类转变和改进办法,经证实,这些转变和办法可以大大提高小规模农场的产量。这4个例子分别为:采取保护性耕作(免耕)、减少矿物质燃料的使用,以保护土壤质量、提高产量;广泛应用于马达加斯加的水稻强化栽培体系(SRI),该体系用水量少,平均单产能提高25%;退牧还田,在埃塞俄比亚东北部的阿瓦什河畔密集地种上糖料植物及棉花,获得了较好的产量;以及毛里塔尼亚本地一家企业营销的驼毛奶和奶制品的成功经验,"有针对性地提升技能"成效显著。

规模化、集约化、工业化的农业食品生产

众所周知,大规模工业化畜牧业的不良影响,过分依赖和过度使用矿物燃料和化肥;水、土壤、空气资源恶化;动物粪便废弃物处理困难;因为边远地区大规模资源材料的运输和输送,对气候变化造成不良影响;食品安全和质量问题;动物福利及环境威胁健康的隐患,特别是新的和现有的人畜共患病发展成流行病;像猪流感。这一系列的研究可参看1962年瑞秋·卡森出版的《寂静的春天》一书。表面上看,集约化生产能提供大量廉价食品,然而他也会忽略导致额外费用,最终这种牺牲要由农民来承担后果。

这一系列不良影响引发了人们对可持续性的思考。如今,在欧洲,已有人呼吁立法限制集约化畜牧生产。然而,如此这般能够进行协调并强制执行的全球性法律并不存在。但是,当前这种情况反而进一步刺激了不良商家的盘剥。如果食品产自本地、可追溯,由有责任感和值得信任的商家生产,这种盘剥现象,将会减少。透明度和责任制的缺乏挑战了消费者的知情权,每个人不知道他每天吃的是什么。利益最大化是食物生产链每一上游环节的目标,他们通常与农民签订惩罚性的合同,强制要求农民购买何种种子、饲料、畜苗、雏鸡及其他生产资料,甚至规定饲料细节,如鸡舍照明,熄灯的精确顺序。上游供应商和下游超市越来越多地合作,初级生产者必须遵守规则才能获得市场准入。超市一方面竭力压价,另一方面要求食品生产者生产出完全相同的食品,并对具体数量,交货时间有严格的规定,还列出了其他会引发食物浪费的因素。近期的一项研究表明,受腐烂变质,家庭、餐馆餐厨垃圾,

超市过度广告和促销的影响，西方市场上33%的供应食品在不同阶段浪费。这种放纵的浪费，当然伴随西方社会不断增加的肥胖人群。据联合国粮农组织（FAO）估计，发展中国家的食品浪费大概也在10%左右。因为田地损失无法估计，热带雨林地区小农场存贮困难，这一数据可能还会高一些。

全球化、工业化食品生产和贸易

12 000年前，农耕定居文化的早期，个体和家族开始从事农产品贸易，建立了许多古代贸易路线，开始了食品、食盐、活畜禽的买卖。日益发展的城市依靠来自内陆地区食品供应。新的保鲜贮存方法出现，使贸易路线得以延伸。冷藏技术的发明将贸易延伸到了海上，如羊肉、奶酪、黄油可以从地球的另一端运送到欧洲。过去30年，国际食品贸易发生了前所未有的变化，即时的通讯技术、便利的国际运输、资本的自由流动、开放的市场、种植园和集约化畜牧农场的外包，提升了国际食品贸易。市场的力量推动着全球化的发展，而传统意义上伴随着当地食品贸易的社会因素和环境因素不能起任何作用，食品几经易手，最终才能到达超市和消费者手中。许多商家无法自觉地履行企业社会责任。此外，世界贸易组织提升农业效率。政府利用公共基金，说服农民采用新技术，世界贸易组织（WTO）法律也没有做出相关社会责任的规定。

全球化是如何产生的？19世纪末到大约40年前，美国和许多欧洲政府致力于维护国内农业，以促进共同营销。资助农业研究和教育，免费提供推广服务。有时，政府还会制定农产品和食品价格。经济学家将这种体制称作"混合经济体制"，政府在市场中扮演最重要角色，为农民和消费者谋福利。过去40年，这一传统规式逐步改变，政府的财政补贴直接拨给农民。如欧洲，农民只要符合欧盟共同农业政策（CAP）的环保标准就能获得补贴。市场通过供求关系决定价格。

从混合经济体制到自由市场经济，这一变化很大程度上归因于政治家，特别是20世纪80年代里根总统和撒切尔夫人在职时期的政治家们；另一方面来自于经济学家，包括密尔顿费里德曼和他的同事们有影响力的宣传以及对政府的商业游说。普遍认为，开放的经济体制，加上无限制的竞争，是最好的，也是唯一可行的，有利于物质文明繁荣的经济体制。这一观点，将利润摆在了最高点。毫无疑问，制造业的全球分化可以降低成本、创造更多的财富、增加利润。然而，在这种不受拘束的体制中，贪婪可以轻而易举地取代和谐，新创造的财富也不能让所有参与者公平分享。两位著名的经济学家曾这样强调过，这种"差距"被认为是现代经济活动中根深蒂固的特征；涓滴效应（政府救济不是救助穷人最好办法，应该通过经济增长使总财产增加，最终使穷人受益）无法发挥应有的作用。有权有势的人控制着财务、人力资本、科学和技术；与政治家、政府结成了强大的联盟；另一方面，平民百姓和穷人缺少金钱，缺少社会话语权。正式描述和测量这一差距的系数为基尼系数。该指数能精确地显示一个国家富人更富、穷人更穷的贫富差距。在美国，1%的人口拥有40%的财富，获取了25%的工资收入，相比之下，80%的底层人民只拥有7%的财富。

自由市场经济体制下发展中各国的农业和食品业上下游均清楚地展现了差距的存在。随着世界经济的发展，食品生产商的权力被褫夺，越来越多边缘化。食品行业规则的制定需要通力合作。当人类只依靠狩猎采集为生时，独立劳作就能获得食物。随着农耕定居文化的到来，劳动分工更加精确，社会走上了更加繁荣和文明的道路，但从经济的角度上看，也使得战争和奴隶更有吸引力。在接下来的各类社会经济形态中，从物质交换到资本主义社会，战争和奴隶，连同土地、劳动力和食品，都成为了重要的贸易资源。食品的供应是保证文明可持续发展的前提。即便今天，城市暂时停止供应食品，也必然会导致混乱、骚乱、暴动等。为防止争夺食品引发的暴力和苦难，食品上下游有关方必须自我约束，和谐工作。早期，部落冲突可能给一方带来暂时的利益，然而，在全球化的今天，我们必须快速学会如何协调食品利益各方，否则将遭受灭顶之灾。一旦陷入混乱，全球食品供应将无法快速恢复。相对而言，本地食品更值得信赖。过去30年，在我们重视人类食品供应链，将食品供应的权力拱手让给全球化市场时，人们往往忘记了这些重要的经验教训。当食品成为唯一可交易的商品时，贪婪便应运而生。银行不再将金钱看成是货币交易的方式，而是想着如何钱生钱。同样，资本雄厚的企业不再将食物看作是生活的必需品，而将其看作是赚钱的手段。

过去30年，农业科技发生了根本性的变化，具有优势，能带来大量利润的商业，深受科学家的追捧。这种追捧必定引发人们对力量均衡、甚至是食品和谐供应的担忧。力量均衡分配是人类治理的一个重要原则，科学家应该与生产商、消费者等服务对象联系。提升小规模经营的重要性的认识（CGIAR），并命名为"重构发展中的农业研究"。非洲农业生物科学组织（B4FA）也在探索在非洲小农场使用生物科学技术。

社会经济制度转变势在必行

要促成社会经济制度的转变，根本不在于计算100亿人需要多少卡路里，多少克蛋白质。因为该答案并非能一劳永逸。问题在于制度本身，我们需要改变制度的运作方式，以服务食品和农业。思维不需要进行革命性的转变，只需要回到过去，回到30年前就行，用文明国家的方式对待农民和食品供应。生活中的其他一切方式都依赖食品的可持续供应。全球食品供应，因被允许用作赚钱工具，面临着威胁。对于一些组织和个人而言，食品生产是一个十分有利可图的生意。要促成和谐，需要改变人类的行为。对于每个人来说，这是个道德的要求，因为食品供应的和谐需要改变的勇气，需要自我约束，以服务大众。这是最基本的道德问题。光靠讨论科学问题，不是合适的解决办法。虽然讨论科学问题很重要，但是不关注社会经济制度和人类行为，也是不起作用的，这意味着要用智慧去处理道德问题。即使在科学研究领域，正如爱因斯坦所说，知识和想象必须以道德为基础。

可供选择的变化手段

社会经济体制亟需改变,以实现食品的可持续发展,促进食品安全。解决办法并非"一劳永逸"。下面是对一些主要问题的建议。

(1)农产品和农业混合经济体制替代现有的自由市场经济体制。

(2)政府立法,认可农业和农民的独立性,将农业和农民视为重要的国家资源,加以保护和提供公共投资。

(3)制定本国政策,鼓励本地食品的生产、销售和消费。

(4)加强研究、教育和推广,有针对性地提升小规模经营农民、畜禽养殖者、牧民的技能,以适应本地情况和资源禀赋。

(5)禁止在国内外攫取土地和水资源。

(6)为小规模经营农民、特别是妇女提供小额贷款。

(7)通过多种方式,提高农民生活质量,如生产环保型的本地能源,提高农产品附加值,提升教育,特别是针对农民家庭的教育。

(8)利用人类食物链之外的植物生产生物燃料,释放土地和粮食的压力。

(9)在西方世界发起大规模宣传活动,减少各级食品浪费和肥胖现象。

(10)实施保护性农业(免耕农业)。

(11)立法以确保大规模集约型生产组织支付外部成本。

(12)提高小规模畜牧农场者和牧民利用占全球地表面和25%的天然草场的效率。

(13)进一步鼓励有机(生物)、食品的生产。过去十年,欧洲的有机食品的年增长率达到10%,并成为了"欧盟共同体农业政策"的组成部分。有机食品生产降低了矿物燃料的使用。

(14)向跨越国界出口食品的跨国公司征收托滨税,利用税收提升小规模经营农民的技能。这一政策的效果堪比欧盟征收0.1%股票和债券交易税的衍生交易税和0.01%的衍生交易税,每年收入能达到350亿欧元。

(15)推动小规模经营农民团体和合作社的形成,促进食品加工和销售。

(16)鼓励小规模经营农民和牧民开发野外自然风光、名胜古迹,发展旅游。

(17)确保青年农业科学家对食品农业和农业种植有全面的理解,特别是那些刚入门的研究者们。

(18)在独立评估、证明有经济价值前,阻止转基因作物和牲畜的食用。

(19)修订专利法,排除食物品种入法,保护农民的传统知识产权。2014年被认定为家庭农场年。本着养活几十亿人口的目的,2014年的主要任务将聚焦于"技能提升"的家庭农场能够生产更多的食品,以养活100亿人。政府领导,商界、科学界必须认识到,大规模和小规模都有重要贡献,必须相互协调。

欢迎读者讨论。

和谐发展论体会：

一、粮食中的水稻和小麦全为粮食无疑，玉米的95%已经用于饲料。粮食和饲料之分历历在目，两者都需保护。

二、饲料畜牧业紧密相依的城市的供应，正在发展中的城镇化如雨后春笋地突出，需要大量的肉蛋奶的供应，而饲料供应还未大量提高，我们面临很大压力。

三、"粮食安全"与"食品安全"不同。"粮食安全"的战略目标是粮食主产区如何发展粮食生产促进种粮农户增加收入、保障粮食有效供应。"食品安全"则是在"粮食安全"的基础上充分发挥区域优势，宜粮则粮、宜牧则牧、宜林则林、宜渔则渔、注重原料的转化、农产品加工、食物多样性及其安全卫生、营养丰富、更加符合小康社会发展需要，以及人与社会的和谐共处的要求。

四、农民工回乡后，一大部分进入服务业，相当部分留在农村务农。这部分农民需要农业技能培训，我国必须全力发展技术学校。那么农业院校和科研单位如何面向新的需要，他们的行为又如何？科研机构加强行动势在必行。

五、食品安全问题面临相当大的挑战，我们又如何应对？应当成立合作社组织农户联合，有培训，有监督，两手都要硬。

六、政府必须立法，企业更要配合，使社会成为有法可依，有序可以靠的，民众信得过的社会。

七、在全球化的今天，我们要有能力引领发展中国家的食品安全导向。

谢谢！

陈幼春
2017年1月28日

水资源和土地资源如何利用都与草原畜牧业有着千丝万缕的联系[*]

关君蔚[**]

大千山两个和尚说:"水是一条龙,从上往下打,治下不治上,万事一场空"。我搞的中国的水土保持包括干旱、风沙、水冲和土跑在内,不只是农田土壤侵蚀问题,也是水土流失问题,是水资源和土地资源如何利用的问题,这些都与草原畜牧业有着千丝万缕的联系。建议稿我看了,为了把工作搞得更好一些,提几点想法。

我看这个题目叫"草原畜牧业"。草原,南方的草原算不算?实际上西部的重点是北方这一块黄河中上游,尤其是草原和半荒漠半草原地区更重要一些,对草原的界定要科学合理,包括哪些部分,要按照草原不同的性质加以保护和利用。

第二个想法就是退田种草为什么在这不提呀。把山西省黄河岸上的水浇地都退了,种上苜蓿了。但那个水浇地不是好水浇地,是黄河岸边的慢坡地,但是话题有说服力,退田种草。说到20世纪50年代我和河北省省长、北京市市长都反映过,说山羊养不得,你别看它小,满山一跑,草山草坡就全完了;于是我就提个计划,叫"羊为林让路,林为牧开源",那时候,省长一听,河北省就把羊消灭,还影响到山西省大寨县也把羊赶到虎头山消灭了。当时我们土地革命是农田的革命,不是全面的,在山西叫做"陂随地走",沟里有块地的话,整个黄河流域就都是我的了,这就是那个时候土改留下的事,于是乎各个部门都在耕地以外的土地打主意,农业要农田林业又要把这块地变成林地,畜牧要种草、要放羊,农、林、牧应该是没有矛盾的。搞到今天,形势所逼,要把这些矛盾都化成共同的力量,打破各部门、各学科之间的固有关系,按照新的要求把这件事办好,这是应该的事。(……略)

编者言:一言中的,要"朱雀桥边野草花",哪里有田哪里就可种草。

---

[*] 在2003年的中国畜牧业协会、中国农学会、中国草学会三家联合主办,内蒙古草原兴发股份有限公司承办的,全国草原畜牧业可持续发展高层研讨会上的讲话

[**] 作者系中国工程院院士、北京林业大学水土保持学、生态系统工程教授

三鹿奶粉事件是忽视草业的直接后果

任继周

草业包含4个生产层：前植物生产层、植物生产层、动物生产层和外生物生产层。其中，植物生产层和动物生产层是草业系统的核心。

饲料生产是植物生产与动物生产之间转化的枢纽。一个生态系统的健康发展，是通过能量的转化和传递来实现的，而作为草业系统的植物生产层和动物生产层之间的能量转化和传递，需要物质基础和催化剂，这就是饲料生产这个环节。这个枢纽良好运转，保证植物生产和动物生产之间耦合良好，效益巨大。发达国家的饲料生产发育成为一个大行业，原因就在于此。

我们说饲料生产，其中包含牧草和精饲料两大部分，而其中的牧草常被忽视。我们往往只看到发达国家的饲料工业。而他们的饲料工业，是在草地农业系统的基础上，在强大牧草生产的背景下发展起来的。我国是"以粮为纲"的农业，牧草和草地过分薄弱，仅靠饲料工业而忽视草地农业，将难以撑起现代化畜牧业的大厦。这是我国饲料生产的从业人员和饲料工作者的特殊使命。

从植物生产到动物生产，一般先进的、合理而经济的转化率应该达到50%~60%，甚至70%~80%。而我国现在的转化率只有30%左右。这表明植物生产的潜力未能充分发挥，动物生产也得不到充足而营养平衡的全价饲料。植物生产与动物生产之间存在断裂，将导致两败俱伤。这个断裂间隙也是我国达到现代化的距离。

这个距离容易跨越，但是必须认真地，一步一个脚印地跨越，不能偷懒。否则，如果饲料产业和牧草生产脆弱，尤其是常被忽视的牧草生产继续被忽略，而硬要去搞什么现代化，就要出轨，要翻车。比如抛开牧草的支撑，而要追求奶牛业现代化，就要发生"三鹿奶粉"一类事件。这关系儿童的生命，家庭的幸福，产业的巨大兴衰。这是全社会的创痛。我们必须沉痛认识，三鹿奶粉事件是忽略草业导致的直接后果。

忽视草业导致的三鹿奶粉事件震动了国内外，但与国家生态安全和食品安全的影响相比，仅仅是冰山之一角。

这个会议，以饲料生产为命题，表明了我们对饲料生产意义的重视和理解，我们必须作出新的、更深刻的解读。

我们期望进一步唤醒全社会对草业的认知，唤醒对草业在农业系统中地位的认知。

编者按（草业科学）：三鹿奶粉事件使20多万儿童受害，全国震惊，人们不得不再次审视奶品及食品的安全问题。中国工程院院士任继周、中国草业协会名誉理事长洪发曾等从不同的角度论述了三鹿奶粉事件的深层次问题，指出这是忽视草业的后果，要避免此类事件的发生，不但要抓奶品生产环节，更要从饲草源头抓起，重视草业问题。编者认为，用政策措施，关注民生，重视草业，才能从源头上保障人民群众的食品安全问题。

草畜平衡是人与自然友好相处的关键*

任继周

第一个问题就是生态建设和经济建设不能兼顾的问题。只要我们全面考虑，妥当安排，应该能找出一种能使草地和环境友好相处的方法。这要看是怎么个找法。现在很突出的问题就是草畜平衡的问题，沿路走到处传的问题，草畜平衡怎么样平衡。看起来草畜平衡是人与自然友好相处的关键，这个如果不平衡就把我们的一切设想都打乱了，变成空中楼阁。我提几点具体的意见。

一个草畜平衡，在我们判断生产力的时候，要摆脱头数单位这个概念。过去我们搞规划、搞发展，头数不增加就没有发展，那是不行的。我们的工作好像是到了墙根底下不能再前进了，实际上草原兴发这个具体事例不是靠头数产生业绩，是靠市场水平。我们若干年前提出来的计算草原的生产能力的有"畜产品单位"，就是这块地能生产出来多少畜产品来，是用这个来看发展的，如生产是1，发展到1.2、1.5、2，是发展了，不是靠头数来发展的。这一点我每次看到报上登的消息或者国家统计的数字说我们国家家禽数字又增加多少了，我就有点紧张，我们省里主管畜牧的同志你们能不能不以头数定标准。这个"畜产品单位"其实很简单，29年前我们就提出的"畜产品单位"，已列入畜牧业词典中，这个畜产品单位美国人拿来使用了，他们拿这个衡量世界草地生产水平，而我们自己却没有用。简单地说，一个中等肥度的牛，活重1kg是一个畜产品单位，一个畜产品单位相当于标准奶10kg，13kg净毛，皮张、劳役等都能算出的，这个地方是发展了，还是没发展都能看得很清楚，希望农牧民试试用"畜产品单位"代替头数单位算一算草地的生产水平，这样就没有压力了。

第二个想法呢，就是以草分区，法律上已经规定执行以草分区，这作为基础是对的。如不以草分区是很难找到平衡的。实际放牧家畜与农田结合的问题是不同生态系统的系统耦合，在美国，西部的放牧带、中部的玉米带和高粱带结合起来以后，这两个系统的耦合可以提高生产水平好几倍，大概耦合一下，并在牧区（无论母的、小的、公的）里养到上市，比现在的饲养方式生产水平大概提高6倍，在储存粮食、饲料的地方育肥大概提高10倍，我们自己做的实验没有这么多，只有2~6倍。北京

---

* 在2003年全国草原畜牧业可持续发展高层研讨会上的讲话

窦店等养牛户就是赚这样的钱的。草原法规定，草原包括天然草地和人工草地，这个变化是非常深刻的，农区与牧区传统的分界线有所打破，牧区可以种草，牲畜也可以拿到农区育肥，再深入地说就是农业结构改革，农牧结合，牧区的比重、经济份额大大加强，农区也会大大加强，牧业产值也就上来了。饲养业、种植业必须结合起来，这是生态系统。所以最受鼓舞的是龙头企业带头打破农区与牧区严格的分界线，给全国的农业结构改革找到了出路，新草原法表现出我们国家畜牧业现代化已经入门了，现代的经营概念就是不同性质的耦合，是爆发性的，不是增加百分之几十，而是成倍的增加，就是把农业结构改革搞起来，把牧业搞大。内蒙古的企业如伊利、鄂尔多斯等已经打到广州去了，这些苗头我们要很好地重视，我们率先进入现代化不是不可能的。结构改革从现代开始，市场化从这里开始，龙头企业在这里已经是相当强大的了。农区、牧区打破了界线，农区也是牧区，也可以养羊种草，就是说人工草地建多少的问题简单了。

美国天然草原里 10% 的人工草地使整个畜牧业生产水平翻 1 倍，草原畜牧生产就是尽量减少过冬羔羊的数量，羔羊不过冬，肉牛最多过 1 个冬天，就是 18 个月，不能过两个冬天。新西兰的奶牛草好的时候增加产量，可根据季节、饲料的多少决定。新西兰用此法把人工草地建设得很好，划区轮牧搞得很细致，它的奶产品价格最便宜，质量最好，就那么一个国家，它现在占世界奶产品贸易的 60%，新西兰的牛肉蛋白质多、脂肪少。羔羊、肉牛、奶牛都可适当地试试。新西兰的经营观念，冬天的时候将牛的体重降低 12%，草料来的时候长得很快，冬天省饲料，夏天增效益。划区轮牧是现代化畜牧业的基础，没有划区轮牧就没有现代化，你不计划怎么能行呢？

划区轮牧有多种形式，长期的若干年，可以是 10 年一轮，两年、3 年不等，长好一点再放牧，休闲放牧，以年为单位设计，以季为单位设计，还有以天为单位的。最精确的划区轮牧是以天为单位，上半天到这块吃，下半天到那块儿吃，短时间吃完之后赶快转移。划区轮牧牵涉到建围栏的问题。一个线圈起来，像领地一样，不能乱放。你画一个大圈好像全国领地一样，没有计划，日量放牧，这样的话，就是双刃剑，如果用不好的话就会出现草原沙化，退化了。

我说的几个问题，是就草畜平衡来说的。另外一个是建立草原生态、经济优化和经济优化系统。有的地方可不可以进一步提出草原绿色食品工程？因为我们国家是食品出口国，找一个地区弄一个绿色食品，真正搞一个现代化，高投入、高产出，迎奥运会也好，做一个样子，起步这样一个产品，经济建设或绿色食品建设等。

编者注：其实于 2008 年科尔沁牛业，真的已经为奥运会提供了必需的牛肉和羊肉，为国家争了光。因为奥运会必须有牛肉供应，本国不能生产的话，那么就得进口。我国幸运地做到了国产品牌自给。

饲草生产是国家食物安全与生态安全的重要保障

洪绂曾*

随着农业、农林经济现代化的进程和消费市场需求的改变，中国的畜牧业已从计划经济时代的"副业"和传统畜牧业转向市场经济时代的畜牧业和支柱产业。现代畜牧业发展的关键之一，是要建立现代饲料基地作为物质基础，这同时也是现代种植业"三元"种植，完善农业生产系统和优化农田系统的重要组成部分。在以获取动物蛋白和动物营养为主的欧美国家，饲料作物是种植业的主体，在中国农牧业向现代化进军的过程中，研究和发展饲料作物，建设栽培草地也应该摆在突出的位置。

长期以来，我国饲料生产和栽培草地滞后发展的主要原因是长期实行"以粮为纲"，种草养畜是"副业"的概念，而且对种植饲料、建设栽培草地和经济作物缺乏辩证的思考。

"三聚氰胺"事件，从反面证明饲料作物和牧草提供优质营养对现代畜牧业的重要性。目前"三高一低（高施肥、高污染、高成本、低效益）"的种植业生产方式所造成的面源污染已严重地破坏了耕地资源，恶化了生态环境，在全球推行低碳经济的今天，饲料作物与牧草生产系统既是低碳源，又是碳汇，通过良好的管理，它们有益于农业生产系统向节能减排方向发展；同时饲料作物和牧草是完善的农业生产系统实现实体良性循环的中间环节，也是科学农作制的重要内涵。总之，客观事实已经证明，而且还会进一步证明，粮食作物和饲料作物对人类而言是"异曲同工"，两者均是通过光合作用为人类提供食物与营养，其中饲料作物则通过第二性生产而转化为更为高级的食物。现代畜牧业应用加工的配合、混合饲料，但它们的原料主要是饲料作物。而且，良好的配合饲料也需要有青绿多汁的食料搭配才能完善日粮的营养，符合高产畜禽的需要。

为此，提出几点建议：

（1）从可能性与必要性而言，饲料生产和草业的科学工作者，要通过自己的研究成果，科学地、实事求是地宣传人工种植饲料作物和牧草的重要性。

（2）饲料和草业工作者密切合作，积极推动饲料作物和牧草的产业化。没有产业的发展，学术难以提高。这次会议得到企业的重视和支持，是一个信号。

---

* 作者系中国草学会名誉理事长、中国农学会名誉理事长、农业部原副部长

（3）饲料和草业的科研教学单位要把推进饲料和牧草产业化放在重要地位，发挥科技优势，组织队伍，深入实践，整合资源，综合研究，根据不同地区的生态和经济特点，利用综合试验站、区实验站以及大型企业，在农牧相结合上做出示范，引领发展。

（4）饲料作物和栽培草地要因地制宜，合理布局，有序发展，逐步进步。在牧区和半农半牧区，要有条件地发展雨养和灌溉草地，建立饲料基地，促进草畜平衡，缓解天然草原的压力，转变生产方式，提高优良种畜生产力；**对于农区的中低产田要大力引草入田，实现低产变高产。以生产优质商品和高蛋白草为重点，将饲草纳入粮经轮作体系，建立科学的农作制度。**在提高农牧生产的同时，培育耕地持续发展的能力。在南方高产农区，争取高产再高产的同时，要利用立体种植，提高复种指数和冬闲田等资源的利用率，种植牧草和饲料植物。

当前国家，特别是主管部门对草业发展战略、对保护和开发草资源的规划作了全面的部署。草业主管部门重视人工饲料的生产。最近把牧草作为重大产业技术体系建设项目之一，还考虑多种途径加强草业科技对产业发展的支撑作用。在这样的背景下，饲料生产委员会利用学会平台，团结各相关领域科学家，管、产、学、研结合，必将为现代畜牧业的发展，为调整产业结构、提升农业综合生产水平、增加农牧民收入做出重大贡献。

文集作者附言：当今我们需要重视的是：树立"大农业"安全的理念。粮食安全的本质是什么？其本质是食品安全，进一步说是营养安全，行动的要点是科学地调整种植结构，合理地增加优质牧草和饲料谷物的种植面积。这种做法是有助于食物营养安全的。2008年发布的《国家粮食安全中长期规划纲要》（2008-2020）中明确提出，保证粮食安全，除了保证粮食安全，提高生产粮食的能力以外，还要利用非粮食资源。文件指出"调整种养结构，逐步扩大优质高效饲料作物种植"，"加快农区和半农区节粮型畜牧业发展"要走出"草粮争地"认识的误区，大胆调整种植结构，建立粮、经、饲三元结构。把畜牧业提高到新的高度，其中要重视奶业的建设。

试论我国三元结构农业的内涵性改造*

张子仪**

以粮食作物、经济作物以及饲料作物并重为主要的"三元结构内涵"设想，在我国已经提出多年，但对"三元"的内涵一直没有明确的界定。从近十多年这三大作物主副产品的市场流向分析，许多作物的内涵已经发生了质的变化。如玉米、薯类等在过去属于"粮食作物"范畴，但目前已从食用转向饲用或酿造用。又如大豆、花生过去主要用于取油，但近年已经成为集经济、食用、饲用为一体的农作物。可见许多农作物并没有一成不变的固定属性，而是随着人民生活、国民经济的需要及市场经济的变化而变化。美国世界观察研究所所长莱斯特·布朗先生在1994—1995年连续发表了"谁来养活中国"为主题的文章。这一论点在世界引起了很大的反响，在我国也曾组织召开各种形式的学术会议，对其展开了认真的讨论。布朗先生的动机是"醒世呼唤"，还是预警，还是"别有用心"的挑唆，作者无意妄加评论，但从20世纪70年代后期开始，全国在人均占有粮食始终未超过400kg的饲料资源背景下，全国人均消费肉、蛋、奶量持续增长；从80年代中后期开始，在全国范围内取消了肉、蛋、奶凭票供应制，多年来价格平稳，供销两旺，人民生活得到了改善，长期困扰中国的粮食压力得到了缓解。一系列成功的历史经验都说明，按美国模式几乎是不可能的事，但是在中国却奇迹般地解决了问题。当然，像人口、耕地、水资源，乃至能源等全球性的问题在中国也是不可掉以轻心的。只有认真对待面临的问题，及早研究对策，总是有办法可以解决的。本文拟以半个世纪以来我国人民食物结构的演变及发展趋势，就三元结构种植业内涵性的必要性与可行性提出一己之见，不妥之处尚希广大读者批评指正。

1 从多年来粮食的市场流向看传统三元结构农业的内涵性变化

从传统三元结构的含义对我国近20年来这大三类作物种植面积的变化分析，则基本上无变化，大体上是"粮食作物"占播种面积的3/4，"经济作物"占总播种面积的1/6，而专门用于生产饲料的种植面积则微乎其微，但从20世纪80年代以后这

---

* 原文发表于《国外畜牧科技》，2000，127(1): 2-4。
** 中国工程院院士

三类作物的实际分析,则发生了巨大变化。全国粮食的 1/3 已经用于饲料(不含农副产品)。"经济作物"中的棉花、菜籽、花生及部分豆类的加工副产品等也都通过饼粕、糟渣等途径转入饲料。按传统含义的这三大类作物的生产流向分析,已经形成了"你中有我,我中有你"的格局。从目前我国种植业中产生的主产品(如成品粮)及副产品(如饼粕、糠麸类)的市场流向分析,至少在总产值中有 2/5 是以各种形式用于饲料,见表 1。只不过是没有把养殖业对饲料市场所需数量与质量事先安排在整个种植业生产计划中而已。

表 1 我国各种农作物的播种面积

作物类型	播种面积占总面积比例 /%		
	1984 年		1998 年
	按传统含义		按市场流向实际用途分析
粮食作物	78.2	73.1	50
经济作物及其他	13.4	13.7	7
蔬菜作物及其他	8.4	8.7	10
饲料作物	<0.1	(<0.5)	33★
总计	100	100	100

★ 实际流向说明是已经在生产中发生的事

现代化养殖业与饲料工业对饲料粮有其特殊要求。从目前供需情况分析,只是部分地解决了"量"的问题,而忽略根据养殖业、饲料工业市场的需求对"质"的改造。近 10 多年,在蔬菜生产方面,人们已从"萝卜、白菜"的当家品种中"解放"出来,形成了当前品种多样化的蔬菜市场繁荣景象。养殖业与饲料工业是种植业的主要用户,但我国过去的种植业生产是一直在"以粮为纲"的思想指导下进行生产,所生产的主产品"粮食"只能部分满足能量饲料的需要,对饲料蛋白质大约缺口一半的问题尚未列入议事日程。

近年来,不少学者曾经就如何扩种饲料作物以及营养体农业等方面提出各种建议。但从国情出发,改种饲料作物、压缩粮食作物与经济作物的种植面积,专门规划耕地改种饲料作物的难度很大。因为我国地域辽阔,自然条件复杂,广大农民在长期的生产实践中形成了一整套适于当地地理条件及生产条件的耕作制度。因此,要想改变不同地区的传统习惯解决饲料工业的需要看三元结构非一蹴而就的易事,但是从上述近年来传统作物主副产品的市场内在质量的注意程度分析,作者认为:对三元结构农业进行内涵性改造的外界条件已经基本成熟。为此,在不改变传统耕作制度的前提下,尽快从养殖业与饲料工业的需求出发,对粮食作物与经济作物进行内涵性改造,已是大势所趋与历史的必然。

2 从现代化养殖业与饲料工业的需要看三元结构农业内涵性改造的必要性

长期以来,我国人民将粮食作为"主食",这意味着人民膳食营养主要来自于粮食。事实上,"粮食"这个词并无确定的定义,既不同于食物,又不同于谷物,早期在我国的统计资料中,包括大豆及甘薯在内,到 20 世纪 80 年代中期将大豆单列,在粮食配给制的历史时期有粗粮、细粮之分,玉米、高粱等被称为"粗粮",大米、面粉称为"细粮"。因此,在探讨这一问题时,在名词的界定、数据的统计方法、原始材料的依据等方面都存在许多不可比性。本文权且根据国家统计局公布的数据并参照有关历史资料,对 20 年来我国城镇居民及农村人口的食物结构变化进行分析。1999 年城镇居民对口粮(将原粮加工后的商品)的消费量从 1978 年的 160kg 下降到 87kg,大约下降了一半,而同时期城镇居民对肉、蛋、奶的消费量却有极大提高,如 1998 年,城镇居民人均占有肉类约为 45kg,比改革开放初期的 13kg 增加 2.5 倍,同时,禽、蛋、奶的人均消费量也从 10~2kg 和 1kg 增加到 49kg、17kg 和 6kg,分别增长 3.2 倍和 5 倍,见表 2。

表 2 改革开放以来我国人民消费食物量变化

年份	城镇居民平均消费成品粮消费量 / [kg/(年·人)]	全国人均消费量 / (kg/年)			
		粮食	肉	蛋	奶
1978	160	249	10	2	1
1984	142	240	16	4	3
1988	137	222	23	6	4
1994	102	225	38	14	5
1999	87	200	49	17	6

另据各方面的资料预测,我国到下世纪初期 30 年代,人均将由 13 亿增加到 16 亿,粮食总产量将由 5 亿 t 增长到 7.2 亿 t,其中实际用于饲料的量将由 2.0 亿 t 增加到 3.6 亿 t。若到 2030 年按 16 亿人人均每日消费动物性蛋白质 25g 计算,则届时全国人民大约至少需要消费动物性蛋白质 400 万 t(据国家统计局对 2000 年世界人均每日消费动物性蛋白质的估计)。生产这么多的饲用蛋白质按目前最佳饲养技术的饲料蛋白质的转化率 20% 计算,则至少缺口一半。其中尤其是赖氨酸、蛋氨酸等限制性氨基酸缺口更大,若按 20 世纪 90 年代后期畜禽饲养标准需要量折算,12 亿小家畜、120 亿家禽仅赖氨酸一项每年需要 50 万 t,这个需要量相当于 20 世纪末国内产赖氨酸总量的 25 倍,如果进口这么多工业合成赖氨酸,按 1998 年 12 月市场最低报价 1.2 万元 /t 计,则至少需要花外汇 60 亿元。此外,加上蛋氨酸、苏氨酸、色氨酸等目前已经商品化的工业合成氨基酸,倘若全部依赖进口,则届时至少每年需要上百亿元,这笔投入约相当于 1998 年饲料工业总产值 857 亿元(90 年不变价)的 1/10。可见,

走这路线，无疑在 WTO 以后使我国养殖业与饲料工业在中长期内处于国内外生产上的劣势。因此，笔者认为：在积极筹划加强我国氨基酸工业竞争能力的同时，应两条腿走路，在种植业中加强改造饲用粮、饲料饼粕类的内在质量，这既是进一步通过科技兴农提高全国人民营养水平的需要，也是提高饲料工业在国内外饲料市场上竞争力的需要。

3 从20年来我国人民食物结构的变化看三元结构农业内涵性改造的可行性

从发达国家人民的膳食结构分析，解决食物问题不一定必须依赖粮食。如上所述，从 20 年来我国人民在人均占有粮食基本未增长的条件下，由于人均消费肉、蛋、奶量持续增长，使得城镇居民对成品粮的消费量持续下降，甚至农村人口年消费量从 1988 年的 280kg 下降到 1998 年的 248kg 的趋势说明，养殖业、饲料工业发展了，自然减少人们对粮食的需求。但是维持人口不断增长对肉、蛋、奶需求的持续增长，对饲料资源的量与质的要求却不可盲目乐观。特别是现代养殖业（含改造后的家庭养殖业）对过去以"粮食"为概念的"精饲料"的要求有着本质的区别。在传统的以"粮食"为内涵的谷物、薯类多属于能量饲料，蛋白质含量低，氨基酸组成不平衡，不能满足畜禽营养要求，只有饲料蛋白质组成达到"理想蛋白质"的水平才能真正发挥饲料的潜力。已知畜禽生产所需要养分有 40 多种。现代饲料工业在生产配合饲料时像钢铁工业一样，不仅要求饲料原料的总产量，而且要求品种齐全，缺一不可。为此，作为上游产业的种植业必须改变传统的"不能用于粮食的都可以作为饲料"的偏见。在这方面，许多先进国家已经有可资借鉴的成功经验。近年来，由于人民生活水平的不断改善，对优质食用小麦、优质食用水稻的生产已经引起人们的重视，但对占种植业总产量约 1/3 的饲用粮质量，特别是对饲料用的蛋白质质量问题却尚未引起足够的重视。过去在解决饲料蛋白质问题上，试图走工业化的道路，结果以失败而告终。如 20 世纪 60 年代曾风靡一时的单细胞蛋白质（SCP）的开发由于成本太高，原料不足，污染环境，70 年代以后国际上几乎无人问津。在许多先进国家已经进入市场的是氨基酸工业。但在我国若走工业化生产氨基酸的道路，不仅技术落后，形不成竞争优势，同时，生产氨基酸所需原料（玉米→淀粉→糖）也会带来能量饲料与蛋白质饲料的矛盾。此外，还需要国家在建厂、排污治理等方面投入大量资金，显然，从国情国力出发，难度很大，矛盾也很多。另外，我国的养殖业与饲料工业都是低经济效益的产业，任何一种种植业的产品作为饲用的价格，在市场上都很难与食品、医药、酿造等行业形成竞争性优势。大凡可饲用的粮、棉、油主产品或副产品，一旦在市场上有竞争性用途，则大部分会流向别的市场，如高粱、大麦之于酿酒、制药；大豆、花生之于食用等，因此，在决策之前必须充分估计到在国际与国内市场上对原料的竞争性劣势。但是，如果对现在种植业的玉米品种进行内涵性改造，即到 2010 年以前将全国年产玉米预计总产量的一半——8 000 万 t 改造成为高赖氨酸玉米（OPQ），将常规玉米中的赖氨酸含量从 0.21% 提高到 OPQ 玉米的 0.66%，那么相当于在全国广大农村建立了 36 座万吨级赖氨酸厂。换言之，把赖氨酸的生产任务不是通过工厂化的道路而是交给农民自己解决，这样不仅可节约国家投资、节约能耗，同时还可以降低广大家庭养殖业者自身的生产成本，又不形成环境污染。农民生产出的高赖氨酸玉米，只需要略加调配矿物质及维生素，即可就地消化变为全价配合饲料，无需长途跋涉从农村运出常规玉米，经过中间环节，层层盘剥，再购入高价的配合饲料生产肉、蛋、奶。这是变人口劣势为优势，化整为零，让农民直接享受科研成果的战略举措。

除了上述通过高赖氨酸玉米解决蛋白质饲料中的限制性氨基酸问题外，在通过双低菜籽品种的普及解决传统菜籽饼粕中的高纤维、低能、高恶唑、高异硫问题，以及通过无腺体棉籽解决高棉酚、高环丙烯问题等，都是从三元结构内的内涵性改造解决养殖业所需饲料质量的有效途径。近 20 年来，在不影响主产品的产量、质量与经营的情况下，应尽快普及推广。另外，由于饲料市场的驱动，近十多年来在粮油加工部门已从"重油轻饼"的生产技术路线改变成为"粮油并重"的生产工艺。所有这些新动向都为我国结构农业内涵性改造提供了有利条件，笔者建议：应抓紧这有利时机进行三元结构农业的内涵性改造。

4 结语

据预测，到 2030 年全国人民为维持不断增长的动物性蛋白质需求，饲料蛋白质资源将缺口一半，其中主要限制性氨基酸——赖氨酸一项的需要量即是目前国产赖氨酸总量的 25 倍。从国情出发，走氨基酸工业化生产的途径存在着原料不足、生产技术落后、设备投入及环保投入大等条件的制约，很难形成竞争性优势。在改造玉米、油菜籽、棉籽的饲料质量方面，国内外都有许多成功的经验，走三元结构内涵性改造、依靠农民自己解决饲用蛋白质资源问题是化人口劣势为优势、化整为零的有效途径。国际上对我国食品安全问题有种种估计，笔者认为：问题存在，但并不可怕。历史的经验证明，中国人有自己解决自己问题的办法。三元结构农业的内涵性改造是解决饲料蛋白质严重不足问题的切实可行的技术路线。

赞《试论我国三元结构农业的内涵性改造》一文

体会：

一、饲料作物的用途是粮食或是饲料或是油料之别，在不同的时期有不同属性，是自然引申，是顺应结构自然改革趋势的反应。

二、城镇化后，需要"市场的作用多一些，政府的作用少一些"，这论点符合当前和长远的管理要求。

三、要统筹把握，优势互补，划清市场和政府的边界，指导今后的动向。

四、表 1* 上数据，33% 表示市场上饲料的应用之广，不是一些，而且很多，民众的动向，必须引起注意。（*陈幼春注）饲料生产该加强，这是利国利民的举措。

五、种草使用什么土地？首先是草地。什么草地？自然草地。把荒芜草地用籽粒苋这种优质牧草从低产到高产培育起来，如在退煤复耕地的做法那样，从亩产两三吨到五六吨，就是成功。少数在耕地上的试验有积极意义，也需看好。在乱石地的种植经验在扶贫、在改造废弃地上的成功，都宜得到政府部门的关注。

六、张子仪先生提出的食物是 FOOD，谷物是 CEREALS 问题，值得关注。对此本人在《论 FAO 中文译文含义的变化与后续效应》一文中有叙述，在此不用多说，请阅有关论述。

七、"藏粮于民"。我国有粮食主产区和非主产区之分。应当鼓励民众积极种粮，无论是何种土地，耕地也好，非耕地也好，能多打粮食就好。国家的粮仓满，民众的粮仓满，就是两条腿走路，比一条腿走路好。国家的粮仓有有关部门关心，要去库存，有粮仓管理人负责；民众的粮仓有民众关心，调动了民众，国家省心。

启动的农业三元结构时代

陈幼春

（中国农业科学院北京畜牧兽医研究所，北京，100193）

农业三元结构于何时启动？早在20世纪60-70年代，北京农垦系统就有养一头奶牛必须保证留一亩青贮玉米地的规定，一直实施到今。但这个规定没有在大农业系统中被接受，在全国，包括北京，大农业一直是以粮为纲的。在1978年以前，年人均粮食在300kg上下，到1986年上升到391kg，到1990年达425kg。人们有了饲料粮的概念，但是没有饲料谷物的名称。当时只有"食用谷物"的叫法，然而，在国外则有饲料水稻、饲料玉米、饲料高粱、饲料麦类、饲料薯类等，当时虽然知道饲料谷物的生物量很高，蛋白质更多，适应性更强，但是不准进口，有些进口的，也只是当成粮食种子。

1 现代饲料谷类的含义

在网上找到饲料谷物一词，就说发展畜牧业，找到饲料玉米一词，就说发展奶牛业的措施，成为时代的语言。

绿色发展、循环发展、低碳发展、生态发展是基本途径，发展畜牧业是抓手，牧草是载体。18亿亩耕地有底线，要把不损害生态环境作为发展的底线。耕地有补偿，生态环境没有替代品，但同样必须找到替代品，使其有补偿，那就是建设人工草地。光粗犷地利用原始草原，一定是得不偿失。保护生态环境，功在当代，利在千秋。对于自然必须取之有度。

2 国际三元农业结构

在国际上把"种草养畜"列为一个结构，开辟一条新的产业链，从种草、养畜、加工，有关链条的人员培训、销售、运输等，新的行业都启动和投入运行，为现代的三元结构。

能想象吗？一个在国内经商不利的生物学毕业生张仁武[1]，在2008年三聚氰胺事件中他意识到种苜蓿对奶牛业的重要性，在美国犹他州他买下艾斯克兰迪农场13万亩地种草，回国又在阿鲁科尔沁建立苜蓿农场和苜蓿加工厂，来促进祖国的奶牛业。他与美国贝利投资公司一起为中国奶业提供牧草，去除草原畜牧业这个旧概念的束缚，把优质人工草地生产列为事业，打开现代畜牧业建设的大门，多好哇！

张仁武成为"中国草王"。

从粮经的"二元"到粮经饲的"三元",饲并不是单独的、孤立的多出一个生产单元,而是饲渗透到粮、经和饲业的三元结构中。当前,肉猪业和养鸡业已经是工厂化饲养,赶上了欧美的进度,叫做土地外经营,由工厂提供预混料、浓缩料直接配成配合饲料,于是产生高度密集的养猪场和养鸡场。在美国,夫妻俩就能饲养20 000只鸡和2 000头猪。美国是世界上第二饲养肉鸡大国,仅次于中国,一年出栏17亿只。种谷、养鸡、养猪是高度密集型农业,都是大规模的。中小农户只能搞养牛。三元农业结构改变着种植业,也改变着畜牧业。养羊业连着种草业,草的产量增加,质量提高,原始草地得到保护,无须竭泽而渔,成本下降,杂交养羊业开始兴旺发达。山西五台县就是一例,使扶贫工作得以在全省推开。农业以粮食为主,出现饲草大田种植这种生产方式后,即可以使粮田通过直接与牧草轮作来恢复地力,使土壤有机质提高,已知可以提高到7%左右。而目前我国的土壤有机质才不到1%,农田地力的自然恢复有望实现。

3 要确保国家粮食安全

要提高我国土地承载力和粮食产量的递增的可持续性。据中国农业大学付文阁报道[2],2008年FAO发布的报告,到2010年世界粮食不安全人口将占到16%,达到10亿以上。2008年全球粮价飙升,高达40%,大米达66%,危机波及30多亿人口。21个粮食主产国采取限制粮食出口措施。到2011年1月食品价格指数创该指数创立以来的最高纪录,为230.7,比2008年的213.5更高。中国的粮食安全问题在107个安全国中排名第42,位居中游。习近平主席提出,技术和粮食一样,靠别人靠不住,要端自己的饭碗,自立才自强。2014年中央又聚焦"三农"问题,提出新时期粮食安全总体战略,即"以我为主、立足国内、确保产能、适度进口、科技支撑"的"饭碗论"。核心思想有三点:一是要独立自主地解决基本供给问题;二是深化体制改革,激发农业发展的潜在能力;三是加大改革开放,充分利用国际资源,走市场化路线。这是非常明显的行动纲要。

粮食总体安全情况下的问题。近几年我国粮食自给率保持在90%以上,2012年达到97.7%。就国际的谷物概念,除去豆类和薯类,中国在2008年是粮食出口国,2009年才有少量进口,常年的人均占有量在300~400kg,超过公认的248kg标准,2013年达442kg。2009年第二次土地普查,我国有耕地20.31亿亩,其中粮食播种面积不低于15.6亿亩,2013年达16.8亿亩,比2012年增加1 120万亩,单产348.5kg,2012年总产达到7 236万t,2013年我国粮食总产量达60 193.5万t,实现10年连续增产。在进口粮食中大豆达4 255万t,为当年粮食进口量的93.11%,2012年为5 838万t,占当年的80.68%,除了榨油,将豆粕用于喂猪、牛和鸡等。小麦和稻米等也是逐年增产,这些谷物大体上是处于安全状态。

按《中国食物与营养发展纲要(2014-2020)》,我国到2020年人均粮食、肉类、禽蛋、水产品的年占有量要分别达到379kg、29kg、16kg、18kg，按说该目标实现的难度不大。问题在于：我国人口基数大，出生率增长快，据有关部门预测，2030年我国总人口将达15亿以上，将比目前增加1.4亿人，按人均占有400kg计算，届时需粮食6亿t以上。2030年就是底线。城乡居民膳食结构发生了变化，肉类消费量大增，按吃1kg猪肉相当3kg粮食来说，问题就很突出，粮食短缺依然要重视。由于三农的现代化改革力度尚不大，新技术支持不足，三元结构调整依然是短板。

据美国农业部最近报告，中国成为全球最大的玉米进口国只是时间问题。2017年将超过当前第3位的韩国，2019年超过排名第2位的墨西哥，在2020年将超过日本。目前玉米需求量约500万t，随着肉类需求量的提高在十年内增加到1 600万t，预计2030—2034年达到2 200万t。未来10年中国将占到全球玉米新增交易量的40%，其中畜产品的供应与粮食和饲料的供应紧密连锁，所以饲料生产水平必须提高。

4 传统农田和天然草场的结构调整

传统农田问题。涉及传统的农田或草场，都是农业的两大部门，必然要分而治之。农田已经在局部的改革之中进行。

其一，如在东北扩种大豆，取代部分玉米，已列为国策；

其二，在东北增加饲料玉米，部分地替代籽粒玉米，用饲料玉米取代种子玉米的事例正受到重视，由于效益明显，民营农场介入，应该会很快发展；

其三，饲料牧草介入刚刚开始，知晓者尚不多，对此成果的宣传比较少，可是退耕还草是涉及传统农业思想的改变问题，不是一朝一夕能改弦易辙的，不过发达国家的300年经验不可忽视。

5 天然牧草利用问题

天然草地与粗放牧业有关，首先是在原始草原上种粮食，是实实在在不顾后果的，是否可耕，一概是以粮为纲，急于求成，焚薮而田，毁了草地，当年种粮，可能有所收获，但也不丰厚，来年则草地地皮已经破坏，以致流沙四起，一片荒芜，不堪入目，牧民叫苦连天。这种在干旱草地种粮的行为，等于自杀。

其一，数十年前的教训要牢记，不能重蹈赫鲁晓夫的覆辙——在哈萨克斯坦开荒种地。要知道，西方发达国家几百年的经验，种牧草收获的营养量是种两茬水稻的3~4倍，牧草本身可以恢复土壤的团粒结构，种牧草养奶牛等于种小麦经济价值的10倍，故西方发达国家都用2/3农地来从事牧草生产。东北黑土地的天然草地，草质好，土壤厚，团粒结构优良，于是有人曾学赫鲁晓夫那样，在那里翻耕后大量地用化肥来增产粮食，一茬茬的短时增产，带来的是黑土地永久性地变性，变成了褐土地，后果是土壤地力减退，毁了生态环境。这是另一种突破18亿亩耕地底线的做法，是同样的罪恶，无非是隐蔽的犯罪而已。

其二，在吉林省的干旱草地年年搂草，无论牧民或是居民，他们为了做饭、热炕头，到了秋后，草地要被民众一遍一遍地搂，过后，那草地如同推光头一样，寸草不留。难道不是在与畜牧业争草地吗！草地总得列入保护之列，额外的经受剥夺，让保护难上加难，为天然草地改良添加许多麻烦。但是此事涉及民生问题，更需要关怀。

其三，种植苜蓿与籽粒苋作为饲用牧草，不能以一般饲草类对待，本文专指猫尾草那类饲料牧草种类，非豆科牧草。种植苜蓿，可惜大多不在农区，其实它是粮田轮作的理想牧草。以苜蓿与玉米来说，两者轮作是发达国家农田的常态经营方式，唯国内苜蓿种植目前是多在草原。

这次河北廊坊"退煤减排"种植籽粒苋，亩产量是苜蓿的8~10倍，做成含水量为60%~65%的青贮，用塑料膜包装，易于使用。籽粒苋介入了大田种植，已经引起当地奶业界的重视，影响力可谓十分巨大。在内蒙古牧区干旱草地种植，虽然当前产量才2t多，但已是当地产量最高的，是初步成功的。退煤减排一头连土地，一头连大气，投入土壤中有机物含量提升，有利耕地质量的优化，能在耕地底线的保证上出力，符合国情，宜在技术上加以支持。

现在苜蓿品种多样化，有适应南北各方的良种，可以全力发展。苜蓿草地是如此，籽粒苋的适应性广泛，其草地也将如此，预计会受到欢迎，其规律会同发达国家经历的相似。其中**籽粒苋是新事物，为我国特有，别具创新特点**，值得一提。草地改良与奶牛业是天生的一对。只有极少数具有承包千百亩土地流转能力的大农户，直接种谷物有规模效应，是有利可图的。而相比之下，中小型农户不放弃土地承包权，缺少竞争力，又不进城打工，以家庭农场经营奶业比较可行，使农民天然草地改良的主人，改革非得走这条路不可。希望国家能尽早出台加速让土地形成适度规模经营的政策，既能提高农民文化素质，又能提到农业经营的管理能力。让一部分农民留在农村，稳定农民生产情绪，又发展绿色农业，又发展畜牧业，促进农业良性循环，发展持续农业，永葆农田地力。

参考文献

[1] 杨沙沙. 他在美国买下13万亩地种草 [N]. 环球日报，2016-11-30(13).
[2] 付文阁. "饭碗论"解读及对我国农牧行业的战略影响 [J]. 饲料科技与经济，2014 (4): 24-26.

2016年12月

创新技术带来了籽粒苋优质青贮饲料的面世
——一种苋培土致富的途径介绍

孙鸿良[1] 岳绍先[1] 陈幼春[2]

（1. 中国农业科学院作物科学研究所，北京，100081；2. 中国农业科学院北京畜牧兽医研究所，北京，100193）

1 籽粒苋优良品种的来源

本文所涉及的籽粒苋品种是指从美国引进品种的总称。籽粒苋属苋科，是苋科所包括的红苋、千穗谷、绿穗苋与尾穗苋4个种的总称。1982年笔者之一在美国茹得尔有机农业中心引回3个品种，该中心拥有从世界各地收集的上千个籽粒苋品种，并进行杂交。1988年另一笔者又应邀访问该中心并在1992年参加了在墨西哥召开的籽粒苋第一届国际会议，期间又连续引回49个品种。经本单位25年选育、扶壮与驯化，其中的7个品种通过了全国牧草饲料审定，可以在全国有关区域推广。这7个品种中有红苋5个，千穗谷与绿穗谷各1个。红苋中以K472、K112两个品种的植株最为高大，又因其叶片蛋白质含量更高更适于作青贮饲料；R104、M7、D88-1与千穗谷N02的籽实大，更适于制做赖氨酸含量高的优质食品；而绿穗谷的籽实为亮丽的褐黑色，适于制做食品色素等。

2 籽粒苋全株作青贮饲料的优点

2.1 蛋白质含量高[1]

籽粒苋初花期叶片的蛋白质含量21%~28%（因品种而异，下同），茎秆8%~16%；叶片的赖氨酸可达0.52%~0.72%，茎秆赖氨酸为0.19%~0.30%。值得关注的是籽粒苋叶、茎的粗蛋白含量近紫花苜蓿水平，同期的公农1号紫花苜蓿叶片蛋白质含量为26.6%，茎为10.25%，此外全株还富含钙、锌、铁、磷等。营养价值高，适口性又强，无论青刈喂饲或制备青贮饲料、干饲料喂饲皆适宜。

2.2 植株高大，单产高

植株一般高达2.5~3.0m，有的品种可达3.5~4m。在华北、东北农区亩产鲜草产量 225~300t/hm²；在内蒙古锡林浩特干旱草原上种植平均亩产鲜草产量达 105t/hm²（干物质平均1.7t）。在该草原上以同等土壤与灌溉条件下，5 个籽粒苋品种平均单产比青贮玉米高 11.23%，比紫花苜蓿高 134.8%，比饲用燕麦高 5.7 倍[2]。

2.3 抗逆性强

籽粒苋耐干旱盐碱，水土保持力能力强。在年降水量 350~400mm 的内蒙古东部草甸地区可以旱作。在西北荒漠草原及沙漠河套地带则需灌溉，但只需 2~3 次，而且可以节水，因其需水量为玉米的 2/5[3]。籽粒苋可以在土壤 pH 值 8.5、含盐量 0.3% 的轻中度盐碱地上生长；耐贫瘠，在地震或露天煤矿复垦地上也可以成功生长；水土保持能力强，在甘肃天水市水土保持站测试，其拦沙能力可与红豆草相当，比旁边的土豆、小麦、荞麦、玉米等农作物能多拦 70% 以上的泥沙[4]；大风大雨使植株折断后可很快恢复，由侧芽萌发出新枝，再生能力极强。

2.4 根系发达，培土能力强

籽粒苋具有发达根系，据李家义等[5]研究，籽粒苋单株 1~4 级侧根的总长度按计算可达 200km 以上，侧根数达到 453 万条，其根系发达程度远超过其他双子叶作物。现蕾期在 40cm 的土层以下一级侧根数占一级侧根的 42.4%，因此可以抗旱及增加土壤有机物质，对培土有利。

2.5 播种量极低、节粮意义大

籽粒苋种子极小，千粒重仅 0.4~0.7g。一般种植密度 45 000~54 000 株（最多 75 000 株/hm²），在国外播种量一般 105~150g/hm²，我国在粗放经营下为 750g/hm²，现用先进机械化作业播种仅需 45~60g/hm²。播种量上稀少，大大节省了种源与成本。

3 美国籽粒苋引进30多年来迟迟未能形成饲草产业化的原因

3.1 植株含水量高，割后难以保存

籽粒苋植株含水量一般为 88%~92%，割后必须及时脱水及加工处理，否则只放两三天后不仅营养成分大幅度下降，而且易霉烂，失去饲喂价值。其秸秆富含蜡质层，难以短期晒干。

3.2 花工多

播种、间苗、锄草、收割、打包等皆需大量劳动力，特别是前期因间杂萌生，

人工多次锄草亦难以消除，这在机械化不发达以及贫困地区人力资源紧缺的情况下难以推行。

3.3 科研与开发脱节

科研完成任务后就结束了项目，很难进入生产，更难与企业挂钩。

3.4 技术创新缺乏带来产业发展的时机滞后

过去缺乏创新思维，科研成果转化为生产力的效能仅 30%~40%，科研与生产的结合存在很大鸿沟。在经费困难的情况下，有的企业家欲投资却有许多受限因素而难以迈步，苋饲料进入产业化进程的时机还不够成熟。

4 心怀共同中国梦的科研人员与企业家合作，生态文明理念指引下终于打开了新局面

由于畜牧业发展的需要与草原退化等形势所迫，随着生态文明建设与科技创新形势的发展，我国近年出现了一大批心怀中国梦，并愿为扶贫作贡献的企业家，他们以籽粒苋为载体为扶贫所做出的刻骨铭心的务实奉献令人赞叹。他们有的在五台山的山沟里搬石头填土愚公移山式地种苋；有的在西北黄河古道次生盐渍土上为改种苋出力奔波；还有的待种苋成功后挨家挨户发给猪、羊幼崽进行代养，然后收购以促进家庭畜牧业的发展……皆帮助农民走出了贫困，出现了前所未有的贫困户种苋创新致富的新气象，而且绿化培肥了贫瘠的土地，改造了生态环境。

下面以中苋生态科技有限公司在河北廊坊市永清县租地 $200hm^2$（3 000 亩），开发袋装籽粒苋混合青贮饲料为例说明其开发成功的经验。

4.1 鲜苋含水量高的问题得到解决

打包时以枯玉米秸秆、糠皮等与青鲜苋按一定比例混合后，取得了符合青贮饲料 60%~70% 水分含量的要求，并且使青鲜苋富含维生素 C 及胡萝卜素的营养叶汁得到保留。在袋装包装下可维持两年以上。

4.2 蛋白质含量提高

一般的，孕穗期整株青苋虽然蛋白质含量平均可达 16%~19%，但玉米秸秆以及糠皮本身蛋白质含量低，粗纤维含量高，在袋装样内拌上发酵菌种经发酵分解后，混合饲料粗蛋白含量可以提高到 18%~21%，使饲料整体营养价值提高。

4.3 全部机械化作业使生产效率提高

从整地播种、锄草、收割、材料切碎、混合、菌种添加，直到打包运输全部采

用机械化作业，而且机械皆为自制自用，不仅生产效率提高，解决了人力不足问题，而且大大节省了成本和时间。200hm²（3 000亩）地的青苋用4架打包机作业可在10天内全部完成打包任务。1t的青贮饲料包只需1分20秒就可打包完成，而且质量不变。

4.4 一年两茬使单位面积产量成倍增加

在华北地区无霜期160天左右的情况下，一年可种两茬，使两茬籽粒苋青料共可产225~300t/hm²或更高。上茬收获后立即用粉碎机把根茬粉碎，10天后就可再种下茬苋，这种接茬速度也是前所未有的。

5 喂含苋混合饲料的牛、猪、羊等效果显著

5.1 喂肉牛试验

笔者之一陈幼春于1995年参与山东省高密市肉牛良种繁殖基地用籽粒苋K112混合青贮喂饲良种肉牛的试验[6]。结果表明，在小麦收割后种苋在饲料产量97.5t/hm²（6.5t/亩）的情况下，用3.73hm²（56亩）籽粒苋的青茎叶维持了5头种公牛和58头青年牛的胚胎移植工程所需的粗饲料。该饲料配方是苋青贮（自然重）：去穗后玉米秸秆：小麦行为7：3：1。该试验的牛，没有喂粮食，所产67.5t粮上交了公粮。在300天的试验期间，在每日补饲料籽粒苋青贮混合饲料喂青年公牛3kg，青年母牛1.5~2kg的情况下，肉牛日增重约500g，母牛400g，牛的总增重达7 710kg。据计算[7]每千克肉牛净增长的成本按当时计价才3.262元，相当于1.3亩苋青饲料可养一头大型肉牛，而国际上一般是1hm²（15亩）饲料牧草才能养1头牛。

5.2 喂育肥羊

笔者在2013年与企业家崔巍合作在山西省五台县高洪口乡的生态农业试验基地上种植籽粒苋K112，青饲料产量达150~300t/hm²，每天刈割青苋或苋的青饲料喂小尾寒羊效果良好。[8]试验结果：对育肥羊，在3个月的育肥期内每hm²地可养450~600只羊。过去喂的饲料为老玉米秆：玉米粉为7：3，现在苋青料（含水量75%）：老玉米秆：玉米粉为6：3：1，相当于每天每只可少喂玉米粉0.5~1kg。3个月后每只小尾寒羊的体重比常规喂饲的多增加10~15kg，相当于多收入300~400元，同时节省了玉米饲料费180元，而且毛色发光，说明蛋白质营养满足了生长羊毛的要求。

5.3 喂生猪试验

早在20世纪90年代就有研究者以籽粒苋青料取代部分豆饼的试验，那是在湖北沉湖养猪场用杜洛克与湖北白猪杂交一代仔猪进行的，从10窝两个月断奶仔猪中选择81头体重接近的仔猪分3组，甲组为全喂精料（包括玉米、稻谷、鱼粉、豆饼、

贝粉等），乙组为用籽粒苋青饲取代精料 50% 的豆饼，丙组为取代精料中 100% 的豆饼，结果这 3 组日增重差异不大。因其料肉比分别为 2.95∶1、2.77∶1、2.57∶1，说明丙组饲料报酬最佳，而且从利用效率上看丙组最高，蛋白质增重比为 0.40∶1，能量增重比为 7.6∶1。说明籽粒苋是一富含蛋白质和矿物元素的青饲料或可以取代常规的蛋白质饲料。饲喂重量是每日 1.30kg，而猪体重日增重达 340.7g，可节约精饲料 33.29%。但这样喂的缺点是青刈苋的饲料体积大、水分多，因此提出如何使青刈割成青贮饲料苋的水分含水量降低才更适于喂饲的问题。[9]2016 年 9 月 5 日笔者考察了中苋公司在廊坊市永清县的袋装苋混合青贮饲料的生产流程。他们种的是籽粒苋 K472，见到青刈苋在田间就边收割边粉碎，运回后立即与干燥的小麦与谷子麸皮以及玉米秸秆按一定配比混合成青贮饲料，其含水量可以下降至 60%~65%，符合青贮饲料的要求。本还存在麸皮与玉米秸秆粗纤维过高又影响其粗蛋白总量减低的问题，又添加发酵剂使其发酵，经初步测定，苋的混合青贮饲料的粗蛋白含量可上升至 18%~20%。

6 发展苋配合青贮饲料，有利于培土改土，纳入生态文明建设走向农牧可持续发展

以上事例证明，无论在卵石山沟、广大草原、次生盐碱低产地，或在裸露煤矿复耕地等种植籽粒苋都取得了成功。这不仅标志着籽粒苋有广泛的生态适应性与抗逆性，而且可以高产出高收入，同时又能与生态文明建设结合，使土壤由贫瘠到熟化，由低产到中产，走向农业可持续发展的轨道。

籽粒苋作饲料还有利于促进粮食安全。近年来，我国进口大豆越来越多，2012 年进口 556.38 万 t，以大豆为主的进口主要是作饲料喂猪，可见当前蛋白质饲料的缺乏。而以籽粒苋为青料喂猪，至少可节粮 1/2，并且能保证蛋白质的营养需要。今后欲保证 18 亿亩土地基本的底线不变，对籽粒苋进入草地农业行列将利于低产田改造，值得大力推行。2030 年我国人口将达 15 亿，目前人均肉类、禽蛋和水产品分别为 29kg、80kg，以后需要量还会提高，总之，在基本农田可持续发展基础上利用籽粒苋抗逆性强的特点，对低产地加以种苋改土、种苋代粮、种苋绿化，将苋的种植纳入生态文明建设之中将大有可为。

此外，今后籽粒苋生产要与其他各种牧草结合，以扩大饲料配方的多样性，丰富其调节能力，提高饲料生产的水平。

参考文献

[1] 岳绍先，孙鸿良，常碧影，等. 籽粒苋的营养成分及其应用潜力 [J]. 作物学报，1987, 13(2): 151-156.

[2] 苏庚，陈敏，等. 展望美国籽粒苋在内蒙古自治区的利用前景 // 岳绍先，孙鸿良，等. 籽粒苋在中国的研究与开发 [C]. 北京：中国农业出版社，1993: 166-168.

[3] 孙鸿良,赵明天,等.美国籽粒苋5个品种在各地抗逆性的表现//岳绍先,孙鸿良,等.籽粒苋在中国的研究与开发 [C].北京：中国农业出版社，1993: 85-92.

[4] 李少龙.美国籽粒苋在甘肃开水黄土高原区试种及保持水土效果的观察//岳绍先,孙鸿良,等.籽粒苋在中国的研究与开发 [C].北京：中国农业出版社，1993: 168-170.

[5] 李家义,王树安.籽粒苋根系生长与抗旱性观察//岳绍先,孙鸿良,等.籽粒苋在中国的研究与开发 [C].北京：中国农业出版社，1993: 62-67.

[6] 陈幼春,孙鸿良,等.籽粒苋青贮喂牛效果分析 [J].北京农业，2002 (5): 26.

[7] 陈幼春,王雅春.现代动物农业——可持续农业谋略与合作经营 [M].北京：中国农业出版社，2012: 22-23.

[8] 孙鸿良,崔巍,等.籽粒苋草业给贫困山区带来生态经济良性循环的效益与展望 [J].饲料科技与经济，2014，4(11): 84-86.

[9] 范石军,孙鸿良,等.青刈籽粒苋喂猪效果初探//岳绍先,孙鸿良,等.籽粒苋在中国的研究与开发 [C].北京：中国农业出版社，1993: 295-298.

当前籽粒苋生产上需要重视的事项

陈幼春

（中国农业科学院北京畜牧兽医研究所，北京，100193）

籽粒苋作为饲料投入生产以来，形成了小批量生产，也出现一些问题，必须受到关注。无论是山西五台扶贫项目[1]，河北廊坊饲草粗料喂猪项目，还是新疆察布查尔县锡伯族个体牧民户养奶牛项目，大多与扶贫有关，籽粒苋大田生产的工作很有时代特点。面对国家要辅助1 000万人口脱贫目标，项目及时加入，此时宜加快推广。

但是这工作面向扶贫脱贫，尤其是涉及民族地区生产，有以下几条建议供参考：①政策措施要配合当地民族习惯；②促进文化交融交流，共享繁荣；③扩大边境贸易，出口牛肉和活牛，如与哈萨克斯坦、蒙古国、老挝、缅甸等国家建立贸易和支农等国际交流，以及民间交流；④打造行业领先、管理优先、资金配套、技术培训或转让的重点项目；⑤管理上互通信息等。

习近平总书记指出："一定要看到，农业还是'四化同步'的短腿，农村还是全面建成小康社会的短板。中国要强，农业必须强；中国要美，农村必须美；中国要富，农民必须富"。

1 面向短腿必须要实现的农业结构改革

我们在参与三农问题的工作上，要贯彻党的路线方针，记住：要坚持把解决好"三农"问题作为全党工作的重中之重，坚持工业反哺农业，城市支持农村和多予少取的放活方针，坚持土地公有制性质不变、耕地红线不突破、农民利益不受损这三条底线，不断加大"三农"的惠农富农政策力度。就籽粒苋大田生产来说，无论是五台县的荒地治理，还是中煤神州公司，或其他项目，都是变荒地为耕地，在改变旧的粮经二元结构为粮经饲三元结构中发挥主动性。相比之下，三元结构多了一个牧草生产新单元，除了生产粮食和饲料之外，多了一种牧草，而且是优质牧草，有利于农牧结合生产体系的发展，完善大农业的循环。优质牧草这种新产品，是新增的产品，具有多效功能和灵活性。"藏粮于地""藏粮于技"在三元结构下变成"藏粮和草于地"和"藏粮和草于技"。籽粒苋饲料，既可以本单位用，也可以出售，

★原文载于《忻州日报》（第二版），2014-06-05.

这就是灵活性。当然，塑料包装比青贮灵活，但是也只能是产品的一种，颗粒饲料品种仍有待开发。这对企业或个体生产户都有好处，在提高经济效益、破解"三农难题"中是个创新动力，要推进农业现代化，提高社会主义新农村建设水平，这是大有可为的。

改革在农村这个广阔天地任翱翔！

2 三元农业在生产上的发祥

虽然说国人对三元农业优势的实验多年前已经开始了，它的效果却一直未被广大农户知晓。不久前，在吉林省一家农户对比玉米种籽粒生产粮食与种饲料青贮玉米的经济效果后，发现后者在产量上和经济收益上都更胜一筹。其消息一发布就得到农业部的支持，在人民日报上通报。这是行政部门的首肯，尽管社会科学家刘振邦先生于 1995 年在山东省高密市已经着手种草养牛试验，并得到可喜的结果。何康部长早在 1983 年就已经提出要搞三元结构农业，那么为什么一直没有推开呢？是何原因阻挠了它的实现呢？那就是传统农业思想在作怪。在理论上，与传统农业相比，刘振邦先生指出：现代农业也称作资本密集型农业，或叫食草农牧业[2]，学术界或称营养体农业，在耕作制度上是混合型饲养型的。

他指出：草食农牧业实际上不同于草地农牧业，两者只有一字之差，却有着天壤之别。"草地"代表在天然草场上放牧，进行的是放牧的原始农牧业，"草食"则代表用现代高价值的人工牧草饲养草食性动物的营养体农牧业。对于现代农业的总体定量有以下几点：①农业劳动力下降，在国内只占总劳动力的 20% 以下；②用于农业的投资占当年农业净产值的 40% 以上；③农业劳动力素质提高。一个农业劳动力来自农业的收入可以养活 10 人以上。1950 年的美国、加拿大，20 世纪 60 年代中期的西欧和北欧，70 年代的日本都相继达到上述指标。这就是农业劳动力的转移，以资本密集来代替劳动力。我国回乡农民对连片农田的开发不都这样吗！我国也已经到了这种时机，只是传统农业思想还束缚着这种改革。

3 传统农业的3个支柱

传统农业系开始于自给自足的农耕时代，人们追求的是植物的种子，也叫籽实农业，人吃马食都要谷物。3 000 多年来一直如此，他的构成有四大要素[2]：一是以劳动力为主，或劳动力多，劳动力平均耕地少，单位面积产量可能高；二是养猪或鸡。这种养猪积肥、种谷物的循环很难发家，除了少数人以外；三是产业链非常短，农业劳动力得不到转移；四是只追求屯粮田，于是谷物就叫主食，其他都叫副食，菜是副食，肉蛋奶是副食，水果更是副食，那时候没有现在关于膳食宝塔一说，也就没有饮食健康的基础，更没有营养平衡的概念，人的生活局限性很大。在生活困难的年代这种理念很容易被接受，当我们进入小康社会建设的时刻，人们不能光吃主食，现在主食必然包括菜、肉、蛋、奶和水果。粮食是基础？打一个问号"？"，才是进步。进一步说,农业要保护基本粮田,市民一天也离不开菜和肉蛋奶与水果,你再也看不到"副食店"的牌牌了。理念的进步是与时俱进的。目前,大农业的理念改变尚跟得不紧!看当前农业的市场体系吧,如一说到山东的潍坊,人们就想到蔬菜,那里是合同制在发挥作用,已经是现代意义了。其他食品的经营理念一直在紧跟着。

4 奶牛业的进步和期待

我国的奶牛业在近期取得了长足的进步,一方面牛奶产量大幅度增加,如2005年产量达1 310万t,比2000年的208万t增加5.3倍,其中液态奶分别为1 146万t和125万t,增加8.2倍。当时是中国牛奶生产增长最快的时期。2016年中国估计能生产牛奶3 755万t,存栏约1 400万头奶牛,成年牛头均年产近4t,但牛奶生产仍供不应求。然而,去香港的旅游者匆匆地去抢购外国品牌的奶粉。好在国产的如飞鹤高档奶粉很得人心,已经能出口,挽回了国产品牌的名誉。事实上,全国而论,奶业界依然从新西兰等国进口依靠在大自然草地生产的奶源,靠化解秸秆加工生产的牛奶蛋白质普遍不达标,于是用三聚氰胺来添加,出现大头婴儿这样不可容忍的事例。

全世界公认牛奶是最容易消化的食品,其含钙量是其他食品不可取代的。美国规定,成人每天消耗的钙不能少于1 300mg,其中有75%来自于牛奶。美国年产牛奶约8 500万t,而我国的牛奶产量不到美国的一半,美国人口3亿多,我国13.4亿,多出10亿,差距不言而喻。在发达国家牛奶是农业中的第一大产业,牛奶占农业总产值的20%~40%。牛肉占第2位,20%,两者合计40%~60%。美国种草专业户达123万,占219万农户的约50%,可见其重要性了。中国的种草业呢必然也要依靠走现代化的道路。

5 中国草业的发展前景

草食畜牧业是现代畜牧业,需要的是发达优质高产的人工草地,不是传统的、原始的、粗放的畜牧业。现在草地上已经很少看到牧民在蒙古牛身旁挤奶的景象了,代之以黑白花、黄白花的奶牛等品种。这都需要优质高产的牧草。以我国产奶量领先的10个省、市、自治区而言,2006年产奶量达3 302.5万t,占全国的83.2%。他们是内蒙古、黑龙江、河北、山东、新疆①、陕西、河南、辽宁、山西和天津。那里的人们正在大力推进三元结构农业,保证粮食生产,同时加快建立优质牧草生产基地。

2006年前10名产奶量领先省、市、自治区的草地建设情况 [3]

省、市、自治区	人工牧草场/hm²	苜蓿/hm²	青贮玉米/hm²	青贮窖
内蒙古	133 333	53 333	22 501	—
黑龙江	343 995	80 940	1 246 476	
河北	210 000	147 000	300 000	277 000

---

① 新疆是新疆维吾尔自治区的简称,下同

续表

省、市、自治区	人工牧草场 /hm²	苜蓿 /hm²	青贮玉米 /hm²	青贮窖
山东	126 400	38 700	36 600	700 000
新疆	800 000	4 460（仅乌市）	1540（仅乌市）	
陕西	2 714 983	134 198.9	23 454.6	1 217 900
河南	210	150	50 000	50 000
辽宁	—	—	—	
天津			253.3	

表上统计说明，人工牧草地是粗犷经营的类型，大体上满足养牛的需要，青贮产量是满足当地每头奶牛日粮要求的，其蛋白质的不足显然必须依靠苜蓿草。以北京市三元绿荷企业拥有的 2.5 万多头高产奶牛，每头平均年产奶 8.8t 的情况来说，不依赖购买苜蓿草是不能达到每头泌乳牛的营养需求的。北京市奶牛需要从东北大量购进羊草，与居民供应粮食争车皮，畜牧局的压力不小哇！

为居民需要，天津市大力推广优质青贮种植，从 2005 年的 80hm² 增加到 2006 年的 253.3hm²。牧草生产的压力很大。其他大中城市也都处于类似境地，牧草生产不是一件小事。

以上草产区与牛奶发达地区并不一致，于是牧草的商贸业一定会越来越发达，其中苜蓿草是一马当先的。其实辽宁省也一定种草，唯表上没有数据，无非没有统计上而已。种植牧草也是农业结构上的一块短板。因为蛋白质饲料不足，还容易出现不法行为。

已知在追求优质有机奶这个名义的时候，某些著名奶业企业用胰岛素样生长因子－1（IGF－1）来生产所谓的"造骨牛奶蛋白"，补骨吗？不能。为了生产真正的健康牛奶，不如老老实实地经营人工草地建设，如黑龙江、陕西、河北的一些企业把种草作为奶业的先驱产业来做，却是正得其所。

籽粒苋大田生产试验经历了 30 多年，这几年的成功表现出强大的生命力，虽然处于萌芽状态，是很值得推荐的事物。五台县在卵石荒地、干旱草原、退化草原、荒滩荒漠地等引入这种耐寒、耐旱、耐盐碱的良种，一举成功。在河北廊坊也成功了，都引人深思。

6　牧草生产的多样性

牧草生产不限单一品种，国内用于牧草生产的有：紫花苜蓿、羊草、高羊茅、老芒麦、披碱草、燕麦、猫尾草、苏丹草、黑麦、多年生黑麦草、沙打旺、聚合草、象草、王草、红豆草、杂交狼尾草、白三叶、菊苣、饲用高粱等等。牧草产量达到 9 000 万 t 之多，其中紫花苜蓿的干草产量为 2 200 万 t，有关的企业有 200 多个。我国牧草业起步晚，发展快。在内蒙古、新疆、甘肃、陕西、宁夏[①]、山西、河北、

---
① 宁夏是宁夏回族自治区的简称，下同

北京、黑龙江、辽宁等北方主要产区牧草供不应求。直接利用牧草是当前的主要方式。发展籽粒苋饲草业，其节约粮食的意义、缓解我国蛋白质饲料短缺的意义毋庸置疑。

据调查，2003年每公顷的苜蓿生产的纯收入高于小麦、玉米2 250元。南方的象草，北方的串叶松香草都是高产的，值得推广，何况苜蓿草等高蛋白质牧草。苜蓿主要用于奶牛业，为奶业界所青睐。

我国每年蛋白质饲料供应需求量在4 500万t，缺口2 400万t，青绿饲草达1亿t，商品化的牧草产品需求量达1 000万t。退牧还草工程要求籽粒苋产业参与，并且是迫切地参与，这就是当前的形势。

好一片美丽的籽粒苋！人人栽来人人夸！

建议都来宣传推广吧！

2016年12月2日

参考文献

[1] 孙鸿良，岳绍先，崔巍，等. 籽粒苋在国内外发展概况及四大优点[N]. 忻州日报，2014-06-05(2).

[2] 刘振邦. 农业现代化之路[M]. 北京：中国农业出版社，2006.

[3] 刘成果. 中国奶业年鉴[M]. 北京：中国农业出版社，2007.

籽粒苋在国内外发展概况及四大优点

孙鸿良　岳绍先

（中国农业科学院作物科学研究所，北京，100081）

籽粒苋在国外大多是收获其种子制做食品，以其丰富的种子数量与丰富的营养成分而著称。籽粒苋与菜用苋不同，前者植株高大，花穗丰满；后者植株低矮，种子量也很低。

1 国内外籽粒苋的发展概况

洛杉矶加州大学 D. Sauet 博士在论述苋的顺化过程和地理分布时指出，全世界热带、温带地区天然生长的苋属植物约有 50 种。根据考古学家的考证，史前许多美洲印地安人部落就知道利用收获野生的苋籽作为粮食，整个热带、亚热带地区都利用野苋作蔬菜。前哥伦比亚美洲通过驯化，培育出 3 个苋种，即分布在南美安底斯山系国家的尾穗苋（*A. catidatus*）、中美洲的红苋（*A.cruentus*）和墨西哥的千穗谷（*A.hypochondraius*）。这 3 个籽粒苋栽培种都是著名植物分类学家林奈在欧洲植物园中鉴定和定名的。目前最流行的千穗谷在公元 400 年前后在墨西哥南部广泛栽培。当西班牙征服墨西哥时，全国 20 个省中有 17 个省都把这种籽粒苋作为向西班牙进贡的贡品之一。但到 19 世纪 90 年代，由于在宗教上把其作为一种异教的象征强制消灭而大量减少。千穗谷在 16 世纪引入欧洲，后来，荷兰从西班牙引进千穗谷的白色种子，并将其引入斯里兰卡，约 19 世纪末期，这个种传到中国内地和西伯利亚东部。

我国有悠久的苋的栽培历史，距今三四千年前的甲骨文，就有"苋"的记载，公元 6 世纪后魏贾思勰在《齐民要术》中提到赤苋。苋还具有食疗作用，据《神农本草经》《饮膳正要》《本草纲目》等古代医书记载，苋籽：甘、寒、无毒、治青盲、明目除邪，利大小便，驱寒热，久服益气力，不饥，轻身。清代植物学家吴其濬在《植物名实图考》中写道：苋有 6 种，赤苋、白苋、人苋、紫苋、五色苋、马苋，并指出马齿苋不是苋的一种。总之，自古我国就有自己的苋的种子和品种，大多数为菜用苋。至明代后期及清朝已有千穗谷的记载，说有四五尺（1 尺 ≈ 0.33m）高，除观赏外，还可粮用、饲用与药用。

我国古代种苋大多分散小块，至今在云南、西藏[①]、四川、湖北、东北、华北等地皆可找到零星种植的籽粒苋与菜用苋。我国籽粒苋多以千穗谷、繁穗苋为主，后者在形态上与美国的红苋相似。

2 籽粒苋的四大优点

2.1 苋是光合效率高的 C_4 植物，产量高

苋属植物中的大部分是沿着 C_4 途径进行同化作用，因此，与玉米、高粱等作物一样，具有高光合效率而表现出高产性能。一般来说，C_4 植物比多数的 C_3 植物生长快，产量高。籽粒苋的植株高大，一般高 2.5~3.5m，可产青饲料 150~300t/hm²。而且耐旱节水，在生产相同生物量时，前者所消耗水分仅为后者的3/5。

2.2 广泛的适应性

从野生种来看，即使在不良条件下，如道旁裂缝的土地上也能生长并成熟，从含铝多的极酸土壤到含中、高度盐碱的土壤中，从结构很粗到很细的土壤中都能生长，甚至还耐一定的水淹，抗逆性强。

2.3 繁殖系数高

苋的单株花穗内种子量可达 10 万~30 万粒，苋籽千粒重为 0.5~0.7g。据国外报道播种量为 300g/hm²，美国的专用机械播种量为 105g/hm²，我国也有特制机器，播种量最低仅 75g/hm²。不过考虑平整土地及水肥条件达不到要求等因素，一般以 750~1 500g/hm² 为宜。而相应地，若播种玉米，则需种子 75~150kg/hm²，小麦需 225~300kg/hm²，紫花苜蓿需 15kg/hm²，可见苋的播种量极低，具有节约粮食的优点。

2.4 营养价值高

苋的籽实和叶都富含氨基酸，而赖氨酸正是多数谷类作物的限制性氨基酸，是需要补充的成分。鉴于上述种种原因，籽粒苋具有很大发展潜力，被我国著名的植物生理学家娄成后院士称之为"古之有之，后望无穷"的粮饲兼用作物。

2016 年 11 月 26 日

---

① 西藏为西藏自治区的简称，下同

我国优良草坪、地被及水土保持植物资源及其应用

李 敏 吕会刚

(中国农业科学院北京畜牧兽医研究所,北京,100193)

我国地域辽阔,地形复杂,气候和生态类型多变,孕育有丰富的草地类型和植物资源。我国有 4 亿 hm^2 的草原面积,占国土面积的 41%,以世界第二草原大国著称于世。1980 年我国的草地资源和饲用植物种类普查结果显示:我国的草地类型可分九大类,即温性草原类、高寒草原类、温性荒漠草地类、高寒荒漠草地类、暖性灌草类、热性灌草类、草甸草地类、沼泽草地类及零星草地类,在这些草地类型中生长的饲用植物有 5 个门,246 个科,1 545 个属,6 704 个种。这些资料充分显示了我国植物资源种类的多样性、植物群落的多样性,即基因型多样性。这些丰富的植物资源,不仅有饲用价值,而且有草坪、地被及水土保持方面的应用价值。新世纪开始及近期很多业内人士已将研究进口草种的工作转向开发应用国内资源的方向和目标,并出现一些可喜的苗头和进展。

我国草坪、地被及水土保持植物资源类型有草坪植物、地被植物及水土保持植物,它们在植物学方面、生态习性及其功能方面既有特殊性的一面,也有共性的一面,总体上都属于当前生态环境治理、绿化美化的一大类植物类型。

草坪植物主要由一些植株低矮、叶片纤细、分蘖力强的禾本科草本组成。

地被植物种类非常广泛,一般地讲,地被植物应该说是覆盖在地球外表的一切植物,但从园林地被植物讲,是指很接近地表的那些矮生灌木、藤本及各类草本植物,它们大多数是覆盖在地表或处于植物群落最下层的矮生植物群落。地被植物主要有以下几类:各类草本地被植物、矮生灌木类地被植物、藤本攀援类地被植物、宿根观花类地被植物、一二年生草花类地被植物、矮生竹类地被植物。

水土保持植物是指水土保持功能效果明显的一类植物,主要是指根系发达、根量大、固土能力强、地上部植物繁茂、密集、覆盖地被严密、阻挠地表径流、涵养水源能力强的一类植物;从生物习性讲主要指一些多年生、耐贫瘠、耐干旱、易建植、生命力顽强的一类植物。

1 我国优良的草坪、地被及水土保持植物

多数禾本科植物具有密集、发达的须根系及地下横走根茎,地上部分分蘖力强、

叶片纤细密集、植株低矮或为密丛生型或地上匍匐茎型，对地表的覆盖度高，从其生态习性上讲我国有适合各种气候条件的禾本科草坪、地被及水土保持植物。目前，常用的类型如下：

冷季型：高寒干旱地区的草坪、地被及水土保持植物，温带地区的草坪、地被及水土保持植物，暖温带地区的草坪、地被及水土保持植物。

暖季型：温带暖温带地区的暖季型草坪植物，亚热带地区的草坪、地被及水土保持植物，热带地区的草坪、地被及水土保持植物。

所以，禾本科植物在生态环境治理中用途多、范围广，有着特殊的功能并占有重要地位。

1.1 优良的禾本科草坪、地被及水土保持植物（表1）

1.2 优良的豆科草坪、地被及水土保持植物（表2）

我国约有130个属、1 130种豆科牧草植物，这类植物富含蛋白质，是家畜的优质饲料。由于其特殊的生物固氮能力，它们大多可在贫瘠荒芜的土地上生长，具有保持水土和培肥地力的特殊功能，因此备受人们的重视。

1.3 灌木类地被及水土保持植物（表3）

1.4 藤本类的地被植物（表4）

藤本类的地被植物种类远没有上述类型多，但其在园林绿化及水土保持中有着特殊的作用，主要种类有"自力攀援型"，靠茎蔓附生根、卷须、吸盘等特殊结构攀援于边坡、墙体，不需其他的支撑物；"爬蔓和缠绕型"，即自身具发达的茎蔓，可稳定地缠绕于绳索、竿和棚架上的一类植物；还有一些"茎枝交错依附型"及"悬垂型"的地被植物。

表 1 我国重要禾本科草坪、地被及水土保持植物

植物名称	生物学特性	植物学特征	应用范围
冰草 Agropyron cristatum L. Gaertn	长寿命植物，寿命长达10年以上。抗寒，在−35℃低温能安全越冬。抗旱，在年降水量250~350mm时能生长良好。对土壤要求不严，即使干燥的沙土地也能生长良好	冰草属多年生草本，须根稠密，外具沙套。茎疏丛或密丛，直立或基部节微弯曲，株高15~75cm。叶披针形，质地较硬而粗糙，种子千粒重2g左右	冰草是高寒、干旱及半干旱地区的适生草种。冰草须根系发达，具有沙套，入土深，固土能力强，因此冰草是风沙干旱地区重要的防风固沙及水土保持植物和草坪地被植物
披碱草 Elymus dahuricus Turcz.	短期多年生草本，一般只能利用4~5年。适应性强，抗寒，能忍耐−40℃的低温。耐旱，在干旱时卷成筒状，在年降水量150~600mm时能生长良好。耐盐碱，可在pH值为7.6~8.7的土壤上良好生长。抗风沙	披碱草属多年生草本，须根系发达，根深可达110cm，多集中在15~20cm的土层中。直立，疏丛状，株高70~85cm或更高，叶片披针形，背面光滑，正面粗糙，种子千粒重3~4g	披碱草分蘖力强，当年播种实生苗可分蘖2~10个，土质较好可达22~46个，第2年可达70~80个，种植后可快速形成覆盖，所以披碱草是很好的水土保持及生态恢复工程中优良的植物材料
无芒雀麦 Bromus inermis Leyss	抗寒性强，在−45℃的低温下可以越冬。耐热性强，在35~36℃时可正常生长。耐旱，在年降水量450~600mm的地方生长良好。喜光，较耐荫，喜壤土或黏土，对水肥敏感，有一定的耐潮湿、耐盐碱能力，在贫瘠和沙土地上长势不良，再生力强，耐践踏，抗碾压	雀麦属多年生草本，株高80~140cm，直立，根茎横走，着生大量须根，入土深达1m以上，在20~30cm的土壤中组成厚密的根茎层。叶片长披针形，长7~16cm，宽5~8mm。种子长披针形，种子千粒重3.2~4.0g	无芒雀麦是世界最重要的放牧型牧草，同时也常作为草坪、地被及水土保持植物应用。近几年除在人工草地建植中应用外，已用于北京地区公路边坡生态恢复工程技高尔夫球场高尔草坪种植
羊草 Aneurolepidium chinense Trin. Kitag	羊草适应性强，对土壤要求不严，除低洼涝地外都能种植。抗碱性强，在pH值为5.5~9.0，含盐量为0.3%的土壤中可生长良好。耐寒，−42℃低温可安全越冬。耐旱，在年降水量500~600mm的地方生长良好。耐风沙，不抗湿，不耐劳	羊草属多年生草本，株高60~100cm，茎由2~3节组成，直立，有发达的根和根茎，须根密集成网状，入土深1~1.5m。根茎横走，节间生根和腋芽，组成厚而密集的根茎层。种子千粒重2g左右	羊草草品质好，适口性强，营养丰富，饲喂效果好，是很好的牧草之一。根茎发达，繁茂，护土和固土力强，是很好的水土保持植物

续表

植物名称	生物学特性	植物学特征	应用范围
结缕草 Zoysia japonica Steud.	抗逆性强、生命力顽强、耐践踏、耐磨、弹性好、抗寒，在我国大部分地区可越冬，其强耐旱性为世界所公认，结缕草为旱中生植物，在中度盐碱地上能够生长。耐贫瘠，天然生长在含量高的丘陵和坡地上	多年生，属较粗糙型草种，具发达的地下根状茎和地上匍匐茎，茎节处着地生根，侧芽萌发分枝或成匍匐茎，直立秆高15~20cm，叶片革质，条状披针形，长3~5cm，宽2~5mm。花果期4~8月	常用于建植运动场草坪，如足球场、高尔夫球场及公园、风景区、庭院，而且也常用于护坡、河岸、湖堤、海滨、铁路、公路绿化和水土保持工程。草丛低矮密集，覆盖地面严密牢固，建成的草地利用周期较长
碱茅 Puccinellia tenuiflora (Turcz.) Scribn. et Merr.	喜冷凉湿润气候，耐寒，-36℃低温可安全越冬，喜湿喜光，较抗旱，对土壤选择不严，各种土壤都能生长。抗碱性强，在pH值8.5以上，表土含盐量1%~3%的盐碱地上可生长。再生性强，抗踏压和刈割	多年生草本，株高30~80cm，茎由3~4节组成，直立，丛生，常有分枝，具发达的须根系，种子千粒重0.55~0.75g	茎细叶多，营养丰富，适口性好，是优质牧草之一。是控制草地沙化、碱化，保持水土的先锋植物，是改良盐碱土地带最有价值的草种，也可用作盐碱土地带的草地绿化植物
假俭草 Eremochloa ophiuroides (Munro) Hack.	别名百脚草、蜈蚣草、爬根草等，生长势和适应性强，耐干旱，喜热，又较耐寒，在-15℃的低温下可以越冬。喜酸性土壤（pH值4.5~6.5），耐践踏，在长江下游地区绿色期为240~260天，是我国南方最重要的长生期多年生暖季型草坪草	具有发达的匍匐茎，节间短（2~8cm），秆向上斜生，草层低矮密集，草层一般高5~15cm。叶片扁平，长3~9cm，宽2~4cm。花果期6~10月	公园、风景区、庭园休息草坪、庭园混植成运动场草坪，可作疏林下的地被，也可作护堤，河岸水土保持工程地被。由于生长缓慢，草坪容易管护
苔草属 Carex L.	苔草属植物种类很多，有白颖苔草（小羊胡）、异穗苔草、崂峪苔草、砾苔草等，这些种大部分分布于我国北方地区，具有春季返青早、耐干旱、耐践踏、耐瘠薄等特点	莎草科多年生草本，须根系发达，并具地下根茎，地上分蘖较多，株型低矮，叶片纤细，柔软密集	暖温带和暖温带地区的公园、风景区、庭园休息草坪、观赏草坪、铁路两旁、公路、是高速公路、草坪水土保持的优良地被
狗牙根 Cynodon dactylon L.	别名抖根草、铁线草，英译名为百慕达。这种高度耐热，中等耐寒，在南北回归线之内为常绿，越过北回归线为夏绿，绿色期280~330天。常见自然生长于江河岸边及路旁、耐干旱、耐盐碱，怕阴蔽	多年生、短根茎、须根细到，落地生根，长可达1m，草层高2.5~20cm，叶片薄、低矮的植被，秆匍匐细到，杆匍形成密集、低矮的植被，茎匍匐地面，叶片线形，叶长1~6cm，叶宽1~3mm。花果期4~10月	狗牙根已在世界范围内广泛用于草坪建植。公园、风景区、庭园的休息草坪或观赏草坪、运动场草坪、护坡固堤草坪，还可作地被利用，对保护环境、消除污染等有很好的前景

表 2 我国重要豆科草坪、地被及水土保持植物

植物名称	生物学特性	植物学特征	应用范围
紫花苜蓿 Medicago sativa L.	多年生冷季型草本植物,喜温暖半干旱气候,适应多种土壤类型,轻度耐盐,耐寒性强,可耐 −40~−30℃低温,耐干旱,年降水量300mm以上地区即可生长	直根系,入土可达10m,根系发达,分枝力强。株高可达100~150cm,花为总状花序,蝶型花冠,紫色,叶为三出复叶,叶片卵圆或椭圆形。花紫色,种子肾形,干粒重2g左右	堪称牧草之王,在我国西北、华北地区广泛种植,目前种植面积超过200万hm²。该草除了用作牧草,也可当作绿肥作物,边坡绿化和水土保持植物
黄花苜蓿 M. falcate L.	比紫花苜蓿更耐寒、耐牧,适应高寒地区种植	与紫花苜蓿相似,但叶片细小,花冠为黄色,植株较矮,株型有匍匐、半直立和直立	我国东北、内蒙古、新疆有野生分布,除了直接用于高寒地区种植,还是培育杂种苜蓿的重要亲本材料
沙打旺 Astragalus adsurgens Pall.	多年生草本植物,生物产量高,抗逆性极强,抗寒、耐旱、耐瘠、耐盐碱,特别抗风沙,在年降水量300mm以上地区均可种植	根系发达,株高1~2m,全株被丁字型绒毛,多分枝,奇数羽状复叶,总状花序,花蓝紫色,种子黑褐色,干粒重1.7~2.0g	我国特有的草种,野生种分布在华北、东北、西北地区。在我国北方水土流失严重地带和退化草原大面积种植,在黄土高原用飞机撒种成功。已育成5个栽培品种
蒙古岩黄芪 Astragalus mongolicus Bge.	又名羊柴、山竹子。多年生半灌木。在沙丘生长。抗寒、耐旱,也耐短期高温,−30℃能越冬,夏季沙地50℃高温也能存活,根深,茎被沙埋后可生根	根粗壮,入土2m以下。茎直立,高60~150cm,密布平伏的短绒毛。奇数羽状复叶,叶片卵圆形。总状花序,花紫花序,荚果,种子干粒重10g	我国东北、内蒙古、河北、山西都有分布,荒漠沙土地的当家草种。除用种子繁殖,还可茎枝扦插、分株移栽等进行无性繁殖
红豆草 Onobrychis viciaefolia Scop.	别名驴食豆,新疆天山有野生。喜温暖气候,喜凉爽湿润气候,冬季气温不低于−20℃的沙性土地生长	根系发达,多根瘤。茎直立,株高1~1.5m,奇数羽状复叶,总状花序,花冠粉红色,种子肾形,褐色,干粒重16g	在我国甘肃、宁夏、内蒙古等地有栽培,推广的品种有甘肃红豆草和蒙农红豆草
红三叶 Trifolium pratense L.	短期多年生草本,喜凉爽湿润气候,适宜年降水量1 000mm以上地区生长	直根系,多分枝。茎直立或斜生,株高50~140cm,三出复叶,小叶卵形,叶面有灰白色"v"形斑纹,头型总状花序,花红色,种子小,肾形,种子干粒重1.6g	在我国湖北、云南、四川、新疆等地有栽培,湖北鄂西已有100多年栽培历史,是我国西南高海拔地区的当家草种。已登记的品种有3个
白三叶 Trifolium rapens L.	又名白车轴草,冷季多年生优良牧草和地被植物。适应型较广,喜温凉湿润气候,也具有相当的耐热和耐寒性,对土壤要求不严	侧根发达,茎匍匐。茎节落地生根,三出复叶,叶柄细长,叶片有明显的灰白色"v"形斑纹,小叶倒卵形,长30~60cm,草层高30~40cm,头型总状花序,花白色,种子小,心形,种子干粒重0.5g	我国云南、贵州、四川、新疆均有野生分布,是西南城市大面积建植人工草坪,近年来,在北方城市绿化中得到广泛应用,也是果园覆盖用植物

表 3 主要灌木类地被及水土保持植物

植物名称	生物学特性	植物学特征	应用范围
二色胡枝子 Lespedeza bicolor Turcz.	广泛分布于我国三北地区，天然生长在丘陵山地。喜温带干燥气候，抗寒性强，在－42℃的低温可安全越冬。耐热性强，在34~36℃下可正常生长。耐旱，在年降水量500~800mm地区生长良好。不耐湿，不耐涝。耐瘠薄性强，对土壤要求不严，除盐碱地，低洼涝地外都能种植。耐酸性强，不耐盐，不耐碱。生命力顽强，生长年限长	豆科胡枝子属多年生落叶小灌木，根系发达，主根入土深1.5~2.5m，斜行半径可达1.5m，茎直立，高2~3m，株丛繁茂，花冠紫色，有一定观赏性。种子千粒重6.5~7.5g（脱壳）	适口性好，营养价值高，可作饲草，可用作丘陵山地绿化美化、及边坡水土保持植物
达乌里胡枝子 Lespedeza davurica Turcz.	分布广泛，天然生长于干旱草原、荒漠丘陵沙质地上。中旱生小灌木，抗寒、耐旱、耐瘠薄，生长年限长，生命力顽强	豆科胡枝子属多年生草本状半灌木，株型匍匐，高20~60cm，三出复叶，花色黄绿至白色。种子千粒重约2g	是我国北方退化草原治理中重要草种之一，也是丘陵、边坡生态条件差的地方植被修复及水土保持的重要草种
截叶胡枝子 Lespedeza cuneata Turcz.	在我国分布广泛，天然生长山坡、路旁、河谷灌丛中。多年生，耐干旱、耐瘠薄，对土壤要求不严，适应性强	豆科胡枝子属多年生草本状半灌木，根深达1~1.5m，茎直立，高30~100cm，叶片细小密集，黄绿色，花冠乳白色。种子千粒重约1.2g	可作牧草，或刈制作饲草，同时是水保护及绿肥用植物
柠条 Caragana intermedia	广泛分布于我国北方地区，天然生长于干旱及流动沙地，覆沙戈壁、丘间合地等。耐寒、耐高温、干旱、耐瘠薄、耐风蚀、不怕沙埋、萌蘖力强、耐畜啃食	豆科锦鸡儿属多年生落叶灌木，根深，达5~6m，水平伸展可达20m，株高1.5~5m，直立，多分枝，羽状复叶，花单生，黄色。种子千粒重23~32g	是家畜的优质饲草，又是防风固沙、水土保持的优良植物，已在内蒙古实施治条工程大面积推广种植
多花木兰 Indigofera amblyantha	集中分布于我国华中长江流域，天然生长于山坡灌丛中，抗逆性强，耐酸、耐贫瘠	直立灌木，高80~200cm，羽状复叶，花色淡红，根系发达，寿命长	牛羊冬季育肥保膘饲料，是生物围栏、水土保持的良好灌木，又因花多、花期长，亦是蜜源及观赏植物
银合欢 Leucaena leucocephala	集中分布于我国华南地区，喜温暖湿润气候，是我国南方重要的木本植物。适宜土壤深厚、肥力中等、排水良好，富含石灰质的微酸至微碱性的砂壤土。干旱、贫瘠则生长不良	豆科银合欢属多年生木本植物。植株高大，达3~5m，叶二回羽状复叶，花技粉色，花均具观赏性。种子千粒重36g	是重要的饲用植物，也常作为水保植物和园林植物

表 4 藤本类地被植物

植物名称	生物学特性	植物学特征	应用范围
紫藤 Wisteria sinesis	适应性广，多年生，喜肥沃土壤，耐寒、耐荫、喜光，生长快，在华北以南广泛栽培	伸展长达30m以上，奇数羽状复叶，花蓝紫色，4月开花，10月结果	适于花架、绿廊垂直绿化或山石旁
爬山虎 Parthenocissus tricuspidata	耐高温、耐干旱，亦较耐寒，生命力顽强，为暖温带植物		适于河岸、公路边坡、立交桥、墙体等绿化
金银花 Lonicera japonica	适应性广，分枝力强，茎着地生根		用于做篱墙、岩坡、花廊门架等
凌霄 Campsis grandiflora	喜温暖、喜阳、稍耐荫、耐旱、忌积水，适宜华北及以南地区	以气生根攀援上升，奇数羽状复叶，花橙红色，花期长，6—10月，结果期10月，观赏性好	常依附于老树、石壁、墙垣和植物上，桩景等
常春藤 Hedera nepalensis	喜温暖气候、耐寒、耐荫，亦耐荫，对土壤要求不严，宜在中性或微酸性土上种植	伸展可达20m以上，茎具气生根，叶深绿色，花期9—10月，翌年4—5月为果期	常攀附于建筑物、岩壁、陡坡、庭院垂直绿化
络石 Trachelospermum jasminaides	喜光耐荫、耐干旱、耐高温，生命力顽强，喜微酸性、中性土壤	茎长达10m以上，具气生根，叶对生，革质，花小，白色，具香气	常用于陡坡、石矿、墙垣、石山的绿化

2 开发应用我国优良草坪、地被及水土保持植物的必要性和紧迫性

随着我国改革开放及各项经济建设事业的迅速发展，由此引发了诸多的环境问题，诸如 1998 年我国发生的大规模的洪涝灾害，2000 年春季横扫我国北方 13 次严重的沙尘暴天气，草原沙化、退化面积逐年扩大，沙化面积达 171.4 万 hm^2，草原退化面积达 1.38 亿 hm^2，约占草地总面积的 50% 以上；江河河岸边坡水土流失严重，已达 162 万 km^2，占国土面积的 16.9%，这些自然因素带来的环境问题可以说像脱缰的野马，需要下大力才能控制。

另外，随着大规模的基础设施建设，诸如高速公路、铁路、机场、矿山及南水北调工程的实施，大规模的城镇化进展，由此带来的环境问题急需解决，植被恢复、水土保持、绿化美化的生态环境建设已经摆在我们的面前，应提上议事日程。

生态环境建设中草坪、地被及水土保持植物有着特殊的功能和不可替代的作用，在过去的 20 年中，我国的草坪绿化事业有了长足的发展，但我们主要依靠国外的技术支持，业内的草坪、地被植物种子、机械、化肥基本上靠进口，而我国的优良草坪、地被及水土保持植物资源未能得到应有的开发应用，这是历史原因、社会原因及国情所造成的。现代化社会主义建设发展到今天，我们面临着如此严峻的环境形势，开发应用我国的优良草种资源，加速优良草种的产业化开发，已经明确地摆在我们的面前。我国的草种资源有其独特的优势和特点，从植物学讲存在着丰富的多样性，从生态学讲有适合各种立地条件的植物材料，从抗逆性讲有各种高抗的植物材料，如我国特有的耐干旱、抗风沙的沙打旺植物材料，等等。目前，已有很多的专家、学者认识到开发应用我国草种资源的意义和前景，很多人已将研究工作目标转向本国的资源，有的已取得较好的进展和成果，但这还远远不够，与我们生态环境治理的需要还有很大差距，我们业内的志士、同仁要立足于我国的植物资源，培育和研发更多的有我国自主知识产权的优良草坪、地被和水土保持植物新品种、新材料，实实在在地为我国的生态环境建设作贡献。

3 草坪、地被及水土保持植物的应用原则

每种植物都有其固有的植物学、生物学特点，每一项绿地工程都有其具体的特殊的立地条件和特定的要求，所以我们在植物选择、配置、混播上一定要注意如下原则。

3.1 因地制宜、适地适植

就是根据该地的当地条件，即具体的气候、地形、土壤、栽培管理的投入选择植物材料。

3.2 优势互补、科学混播

在一项工程中往往需要多种植物材料，选择植物材料时，要根据各种材料的优势所在，做到科学地混播，以期达到最佳的复合效果。

3.3 当前效果和长期效果统筹考虑

不同类型的植物生长发育的速度不同，达到预期目标的时间不同，所以绿地工程中植物的选择和配置，要选择一些生长发育快，能尽快形成植被、实现预期效果的植物类型，也要考虑选择一些前期生长速度慢，但后期效果好、符合工程目标要求的一些植物，实现工程的完美和统一。

3.4 开发应用当地野生草种和地方品种

过去我们大规模进口国外的草种，有很多的教训和问题，今后我们应提倡用自己的东西，因为当地的野生品种或地方品种是当地的自然条件选择而保留下来的，对当地的条件有很强的适应性，如深圳的边坡防护中，用了多个引进草种都不好，最后选择了当地的野生优势草种——草芦，在石质边坡种植获得了成功，这方面的例子很多。

苜蓿种质资源的分布、育种与利用

杨青川 康俊梅 张铁军 龙瑞才

(中国农业科学院北京畜牧兽医研究所，北京，100193)

摘要：苜蓿作为最重要的豆科牧草，是世界上种植面积最大、分布最广的牧草之一。由于其产草量高、营养价值丰富，且具有根瘤固氮等优点，被誉为"牧草之王"。在我国苜蓿不仅栽培历史悠久，经济价值高，而且种质资源丰富，据记载苜蓿属内植物种有46个。然而，我国苜蓿育种工作开展较晚，新中国成立以后才有较快的发展。截至2015年，我国苜蓿登记品种共有80个。苜蓿不仅是重要的高蛋白质饲草，同时又是水土保持植物，因此具有重要的经济功能与生态功能。发掘优异苜蓿种质资源、培养优良苜蓿品种不仅可以增加优质饲草产量，促进奶业等草食畜牧业健康发展，而且苜蓿根瘤肥田，对于农业可持续发展也具有重要意义。本文针对我国苜蓿种质资源育种及利用现状，重点综述了国内苜蓿种质资源的分布、类型、遗传育种及综合利用情况，以期为今后苜蓿相关研究提供参考。

关键词：苜蓿，种质资源，育种，利用价值

苜蓿是世界上最重要、种植面积最广泛的豆科牧草之一，由于其适应性广、产草量高，且富含蛋白质、维生素和矿物质等营养物质，被誉为"牧草之王"[1]。全世界的苜蓿种植面积约3 226.7万hm^2，美国、俄罗斯和阿根廷约占70%。中国虽是苜蓿种植大国，但从未将苜蓿列入农业生产主体。在美国苜蓿被视为第四大作物之一，仅次于玉米、大豆和小麦，种植面积约为850万hm^2[2]。我国苜蓿种植面积约377万hm^2，居各类人工草地之首[3]。

据统计，世界上苜蓿单产一般可达10.0~22.2t/hm^2[4]。苜蓿是高蛋白质含量的优质牧草，在现蕾末期至开花期苜蓿干草蛋白质含量在19%以上，优质苜蓿干草蛋白质含量高达22%以上，蛋白质的消化率达70%以上，是所有牧草中含可消化蛋白质最高的牧草之一。苜蓿中矿物质含量丰富，与添加剂相比，通过饲喂苜蓿获得矿物质和维生素不仅成本低，而且安全可靠。据文献报道，0.453kg苜蓿干草可基本满足45.36kg体重的家畜对钙、钾、镁、硫、铁、铜、钴、锌等矿质元素的日需求。苜蓿中丰富的钙含量，对泌乳奶牛及发育中的小母牛和公牛尤其重要。苜蓿也富含各种维生素、核黄素和叶酸等营养成分，维生素A是家畜日粮中必需的成分，对家畜某

些疾病具有治疗作用，还能缓减不良环境条件胁迫所造成的家畜烦躁不安[4]。

此外，苜蓿根系发达，具有生物固氮能力，是改土培肥、保持水土的重要生态植物。苜蓿的根系大部分集中分布于 0~35cm 的表层土壤内，加上由茂密的株丛组成的覆盖层，可有效地防止表层土壤的侵蚀。随着我国各类生态建设工程的发展，苜蓿已成为退耕还草、风沙源治理、休牧还草等工程中的首选牧草[4, 5]。中国农业科学院草原所采用浅耕技术在赤峰退化草原进行苜蓿补播获得成功，补播苜蓿后草原植被状况明显改善，植物覆盖度提高 90%~230%，产草量增加 51%~75%，不仅减少一年生杂草和有毒有害植物数量，增加了优质牧草产量，同时改善了牧草质量，提高了牧草的蛋白质含量，有效缓减了草原牧区、农牧交错带优质饲草的供求矛盾，对加快我国退化草地植被恢复、遏制草地退化及发展现代草地畜牧业具有重要意义[4]。

苜蓿是我国栽培历史最悠久的牧草，距今有 2 000 多年的栽培历史，也是分布面积最广的优良牧草之一，其种质资源极为丰富。在历史的长河中，苜蓿对我国畜牧业的发展做出过重要的贡献。据《中国种子植物科属词典》（1982 年修订版）记载，苜蓿属植物有 16 种，而《中国苜蓿》记载我国国产苜蓿有 12 种，3 变种，6 变型[1]，其分布非常广泛，全国各地均有分布，东自渤海之滨，西自天山脚下，北起黑河沿岸，南到云贵高原，甚至在世界屋脊的西藏，都有苜蓿种植[1]。

近几年，随着畜牧业的迅速发展，我国苜蓿产业发展势头迅猛，成为农牧业经济新的增长点，但是整体研发水平与发达国家存在很大差距，产业发展面临较多技术瓶颈，许多方面都需要加强研究。一是要增强苜蓿种业的竞争力、提高良种供应能力。优良品种是苜蓿产业化发展的物质基础，更是提高科技贡献率的关键体现。根据 FAO 和发达国家的科学评估，在影响农业生产众多因素中，品种贡献率超过 30%，品种改良作用居各项技术的首位。就美国而言，2004—2015 年共登记的苜蓿品种 733 个，而我国育成的苜蓿品种数量少，从 1987—2015 年，登记的苜蓿品种 80 个，远不能满足生产的需要。二是要提高苜蓿栽培管理水平、促进产业高效可持续发展。在美国苜蓿种植管理模式和技术已非常成熟，实施精细化种植管理，采用苜蓿专用根瘤菌剂和除草剂，采用节约、高效的施肥方案并配制专用肥料。而我国苜蓿栽培技术方面的问题突出，品种选择随意性强，人工草地的持续性差；标准和规模化生产水平低，粗放式管理造成了草产品单产低、质量差。以内蒙古和黑龙江的苜蓿草地为例，依据理论推算和大规模生产实践表明，在科学种植管理条件下，两省区干草单产潜力为 6~9t/hm^2，而实际平均单产仅为 4.5t/hm^2。从质量看，国产苜蓿大多为二级或以下质量等级，比进口苜蓿粗蛋白质含量低 20%~47%，饲喂价值（RFV）低 20%~30%，产奶净能低 14%~23%，产量和质量的降低必然导致种植效益的下降。

由此可见，我国当务之急是从良种良法等多个环节进行联合攻关，有效突破苜蓿产业链条中的技术瓶颈，提高良种化、标准化生产水平。增加优质苜蓿的供应，从而促进我国草食畜牧业健康发展。本文针对我国苜蓿种质资源育种及利用现状，重点综述了国内苜蓿种质资源的分布、类型、遗传育种及综合利用情况，以期为今后苜蓿相关研究提供参考[6,7]。

1 苜蓿的起源、分布与分类

1.1 苜蓿的起源

苜蓿的起源一般认为是在"近东中心"的小亚细亚、外高加索、伊朗和土库曼高地，随后通过入侵的军队、探险家和传教士等从伊朗逐步传播到欧洲、北非、阿拉伯半岛、南美等地区，逐步传播于世界各地。苜蓿适宜于在具有冬季严寒和夏季干热明显的大陆性气候区种植，前苏联学者Sinskaya对苜蓿和其他豆科草进行广泛的系统发育研究后，得出苜蓿具有两个起源中心的结论，即一个为外高加索山区，另一个为中亚细亚。黄花苜蓿（*Medicago falcate L.*）在普通苜蓿的进化发展中，起了重要的作用，因其具有很强的耐寒性和广泛的适应性，可向北扩展到西伯利亚和欧洲大陆类似的气候区域[1,11-16]。

在我国苜蓿栽培历史已有3 000多年。据记载，公元前138年和119年汉武帝两次派遣外交家张骞出使西域，第二次出使西域时，从乌孙（今伊犁河南岸）带回有名的大宛马、汗血马及苜蓿种子[1]。历史上有不少关于苜蓿的记载，我国汉书"西域传"记载："大宛国，俗嗜酒，马嗜苜蓿，汉使取其实来，于是天子始种苜蓿"，"益种苜蓿离宫馆旁，极望焉"。北魏时的《齐民要术》记载："北方蔬菜三十余种，其中包括苜蓿，书中说此物长生，种者一劳永逸，都邑负郭，咸宜种之"。明朝李时珍《本草纲目》中记载："长安中乃有苜蓿园，北人甚重之，江南不甚食之"。清朝《豳风广义》中记载："多种苜蓿，广畜四壮，可以多得粪肥，以为肥田之本"[1]。苜蓿引进后先在长安（现西安）种植，以后逐渐扩展到陕西各地，到明朝时，不仅在西北各省种植，而且已扩展到中原及华北。新中国成立以来，由于国家对苜蓿种植和推广的重视，苜蓿发展很快，如今在全国各地均有种植，主要分布在西北、华北、东北和江淮流域[8,9]。

1.2 苜蓿属资源的分布

苜蓿属（*Medicago*）植物60多种，为一年生或多年生草本，多数为野生植物，少数为引入栽培。大多数分布在北半球北纬30°~60°，南半球南纬20°~45°的范围内，现广泛分布于北半球的森林、草原、高原荒漠地带，其中美国、加拿大、意大利、法国、中国和前苏联南部是苜蓿主产区；南半球只有部分国家和区域种植苜蓿，如阿根廷、澳大利亚、新西兰等国家[10,17]。目前，世界各国有关苜蓿种植面积的统计数据搜集比较困难，因此，苜蓿全球栽培面积尚无权威的精确统计数据，但是在生产上总体趋势是在发展扩大，其中美国种植面积超过800万 hm^2，约占世界总种植面积的1/3，阿根廷种植面积超过700万 hm^2，加拿大种植面积超过200万 hm^2 等。

中国是苜蓿属植物主要分布地区之一，地理纬度处在北纬30°~45°，是世界上最适宜种植苜蓿的地区。目前栽培种主要是紫苜蓿 (*M. sativa* L.)、野苜蓿 (*M. falcata* L.)、花苜蓿 (*M. ruthenica* (L.) Trautv.)、南苜蓿 (*M. hispida* Gaertn)、天蓝苜蓿 (*M. lupulina* L.) 和一些一年生苜蓿[18-19]。紫苜蓿栽培最多、分布最广泛，依据《中国多年生栽培草种区划》将我国苜蓿种植区大体划分为东北、内蒙古高原、黄淮海、黄土高原、青藏高原和新疆六大种植区[18, 19]。

1.3 苜蓿属资源的分类

由于分类研究范围和方法的局限性，长期以来，致使苜蓿种的归属问题常出现争议。最早从事苜蓿形态变异和分类学研究的学者 Urban，于 1874 年提出了依据苜蓿形态进行分类的系统[13, 14]。Lesins 等经过大量研究，于 1979 年将苜蓿属植物划分为 4 个亚属 14 个组 56 个种[20]。此后，1989 年加拿大分类学者 Small E. 和 Jomph 通过研究苜蓿属内植物形态特征，提出苜蓿属内有 83 个种，其中种内分类群为 18 个[21]。

目前，我国有关文献中记载的关于苜蓿属内种的分类不尽相同。《中国主要植物图鉴》记载苜蓿属植物共有 7 种[22]；《中国苜蓿》记载我国国产苜蓿有 12 种，3 变种，6 变型[1]；《中国沙漠植物志》记载为 10 种[23]；《中国植物志》记载共有 13 个种、1 个变种[24]。据吴仁润等人及《中国草种资源重点保护系列名录》的统计数据，我国苜蓿属内植物种有 46 个，包括亚种和变种，其中野生多年生种有 30 个（12 个变种，1 个亚种），一年生种有 5 个，国外引进种有 11 个[25, 26]。为充分发挥我国苜蓿种质资源优势，挖掘优异基因资源，更好地为苜蓿遗传改良提供指导，有必要对我国现有的苜蓿遗传资源基因库及分类系统进行复核和探讨[26-28]。

2 苜蓿遗传育种

2.1 苜蓿染色体组及倍性

苜蓿绝大多数种的配子染色体数（n）都是以 8 个染色体为基数的整数倍，只有 5 个一年生物种的性细胞染色体基数为 7 个。$X=7$ 的染色体是由 $x=8$ 的染色体组经过染色体重组演变而成[1,5,32]。绝大多数一年生苜蓿是二倍体，体细胞染色体数是 $2n=16=2x$，如豆科模式植物蒺藜苜蓿[1,5,32]；近半数的多年生苜蓿是四倍体，体细胞染色体数是 $2n=32=4x$，如主栽品种紫花苜蓿，且分布最广[1,5,32]；而黄花苜蓿既有四倍体，也有二倍体，其中二倍体抗逆性强，是创新苜蓿种质的优异资源。

2.2 苜蓿遗传育种

紫花苜蓿是同源四倍体多年生异花授粉植物，是苜蓿属内栽培最广泛的优良牧草，对其研究也较为深入，紫花苜蓿品种可依生育期、生态类型、秋眠性分为不同的类型[29]。尽管我国苜蓿栽培历史悠久，但培育新品种的研究起步较晚，直到 20 世纪 50 年代才开始，80 年代以来，苜蓿育种工作取得了显著的成效，但与美国等先进国家相比差距还很大。据统计,我国20多年通过审定的苜蓿品种80个,而美国10年共登记的苜蓿品种733个,将近是我国的10倍[30]。近年来,我国从国外引进了大量的紫花苜蓿种质资源,大大丰富了我国苜蓿品种资源。苜蓿育种方法主要采用常规育种和生物技术育种,常规育种包括选择育种、杂交育种、雄性不育系育种和生物技术育种等[5]。

2.2.1 选择育种

选择是育种工作中的重要方法之一,在苜蓿新品种选育过程中,杂交育种、辐射育种、多倍体育种等都必须建立在选择的基础上。选择育种包括混合选择和轮回选择两种,其操作简单,效果明显,目前仍然是苜蓿育种中最有效的方法之一。国内外有大量苜蓿品种是采用这种方法育成的,我国育成的中苜系列、新牧系列、公农系列、甘农系列等苜蓿品种都是采用选择育种的方法选育而成。[31]

2.2.2 杂交育种

杂交育种与选择育种相比,更具创新性和定向性。杂交可分为品种间杂交和远缘杂交两类。杂交育种的选择方法主要有系谱法和混合法。亲本材料通过杂交、选择和鉴定,不仅可获得聚合亲本优良性状于一体的新类型,而且由于杂种基因的超亲分离,特别是那些与经济性状有关的微效基因的分离和累积,使杂种子代群体中可能选出超越亲本性状的个体,或通过基因互作产生亲本不具有的新性状[32]。我国已通过审定登记的苜蓿育成品种中甘农3号和图牧2号是通过品种间杂交选育而成,草原1号、草原2号、图牧1号和甘农1号是通过紫花苜蓿与黄花苜蓿种间远缘杂交选育而成;龙牧801与龙牧803是以野生二倍体扁蓿豆(*Medicago ruthenica* L.)和四倍体肇东苜蓿为亲本,在辐射诱变的基础上进行属间远缘正反交选育而成[33]。

2.2.3 雄性不育系育种

雄性不育分为细胞质雄性不育、细胞核雄性不育和核-质互作雄性不育3种类型。苜蓿雄性不育株是加拿大学者于1958年首先发现,此后美国、俄罗斯等国家相继培育出了苜蓿雄性不育系。美国L.Teweles种子公司于1968年开始利用细胞质雄性不育系生产苜蓿杂交种,而Dairyland种子公司利用苜蓿雄性不育系育成了苜蓿杂交种,干草产量比对照品种增产8%~15%[34]。362Hy、Hybri+421、DS304Hyb等都是美国利用雄性不育系育成的苜蓿杂交种。

我国关于苜蓿雄性不育的研究落后于国外近20年,内蒙古农业大学吴永敷教授于1978年首先从草原1号杂花苜蓿中选育出6株雄性不育株[35],中国农业科学院畜牧研究所于1995年从大西洋苜蓿中发现3株雄性不育株;此后,吉林省农业科学院草地研究所也于2008年发现4份不育系苜蓿育种材料,但目前我国审定登记的品种中还没有通过不育系选育的苜蓿杂交种[33-35]。

2.2.4 生物技术育种

生物技术育种包括组织培养、基因工程、分子标记辅助选择等育种手段。近几年,随着现代分子生物技术的快速发展,生物技术作为一种新型的育种手段受到高度重视。美国已经将基因工程和分子标记辅助选择技术应用到作物育种中,通过转基因技术在抗除草剂、抗盐碱[36, 37]、耐低温[38, 39]、抗旱[40, 41]、抗病虫害[42-45]及品质改良[46-48]方面开展了大量的研究工作，目前培育出的抗农达除草剂苜蓿新品种已经投放市场[49]。例如 Alfagraze 300RR、Denali 4.10RR、Transition 6.10RR 等等都是美国近年育成的抗草甘膦的转基因苜蓿品种。我国关于苜蓿生物技术的研究始于20世纪70年代末，最初以组织培养和体细胞杂交为主，现在已转向转基因和分子标记方面的研究，主要集中于抗逆相关基因的转化及表达特性研究，以提高苜蓿的抗逆性[1,5]，但与美国等先进国家相比差距甚远。目前，我国登记的苜蓿品种中还没有单纯应用生物技术育成的品种。

2.3 我国苜蓿育成品种及其应用

截至2015年，我国已通过全国草品种审定委员会审定登记的苜蓿品种有80个，其中育成品种37个（表1），地方品种20个，引进品种18个，野生驯化品种5个。其中东北苜蓿种植区适宜种植的品种主要包括公农系列苜蓿品种、龙牧系列苜蓿品种和肇东苜蓿等；内蒙古高原苜蓿种植区适宜种植的品种包括草原1号、草原2号、草原3号、中草3号和敖汉苜蓿、准格尔苜蓿和蔚县苜蓿等；黄淮海苜蓿种植区适宜种植的品种主要有中苜系列苜蓿、无棣苜蓿、沧州苜蓿和淮阴苜蓿等；黄土高原苜蓿种植区适宜种植的苜蓿品种包括甘农系列苜蓿、晋南苜蓿、偏关苜蓿和陇中苜蓿等；青藏高原苜蓿种植区适宜种植的品种主要有草原系列和黄花苜蓿等；新疆苜蓿种植区适宜种植的品种包括新苜系列品种和新疆大叶苜蓿、北疆苜蓿和阿勒泰杂花苜蓿等[7]。

表1 我国苜蓿育成品种及主要特征

Tab.1 The key characteristics of bred varieties on alfalfa in China

种 Species	品种 Variety	学名 Latin name	主要特征 Key characteristics	登记年份 Year
紫花苜蓿 Medicago sativa	甘农3号	*Medicago sativa* cv. Gannong No.3	产草量高 High forage yield	1996
	甘农4号	*M. sativa* cv. Gannong No.4	产草量高 High forage yield	2005
	公农1号	*M. sativa* cv. Gongnong No.1	产草量高 High forage yield	1987
	公农2号	*M. sativa* cv. Gongnong No.2	耐寒 Cold tolerance	1987
	图牧2号	*M. sativa* cv. Tumu No.2	抗寒 Cold resistance	1991
	新牧2号	*M. sativa* cv. Xinmu No.2	产草量高，抗寒，抗旱 High forage yield, cold and drought resistance	1993
	中兰1号	*M. sativa* cv. Zhonglan No.1	高抗霜霉病 High resistace to downy mildew	1998
	中苜1号	*M. sativa* cv. Zhongmu No.1	耐盐 Salt tolerance	1997

续表

种 Species	品种 Variety	学名 Latin name	主要特征 Key characteristics	登记年份 Year
紫花苜蓿 Medicago sativa	中苜 2 号	M. sativa cv. Zhongmu No.2	产草量高 High forage yield	2003
	中苜 3 号	M. sativa cv. Zhongmu No.3	耐盐性好 Salt tolerance	2006
	甘农 6 号	M. sativa cv. Gannong No.6	干草和种子双高产 High forage and seed yield	2009
	公农 5 号	M. sativa cv. Gongnong No.5	抗寒、抗旱性强 Cold and drought resistance	2009
	中草 3 号	M. sativa cv. Zhongcao No.3	产草量高 High forage yield	2009
	新牧 4 号	M. sativa cv. Xinmu No.4	抗病性强 Disease resistance	2009
	东苜 1 号	M. sativa cv. Dongmu No.1	抗寒 Cold resistance	2009
	龙牧 808	M. sativa cv. Longmu No.808	抗寒 Cold resistance	2009
	甘农 5 号	M. sativa cv. Gannong No.5	高抗蚜虫、兼抗蓟马、产草量较高 High resistant to aphrids and thrips, High forage yield	2009
	甘农 7 号	M. Sativa cv. Gannong No.7	粗纤维含量低，产草量高 Crude fiber content is low, High forage yield	2012
	中苜 6 号	M.sativa cv. Zhongmu No.6	产草量高 High forage yield	2009
	渝苜 1 号	M.sativa Yumu No.1	产草量高 High forage yield	2008
	中苜 4 号	M.sativa cv. Zhongmu No.4	产草量高 High forage yield	2011
	中苜 5 号	M. sativa cv. Zhongmu No.5	产草量高 High forage yield	2014
杂花苜蓿 Medicago varia	草原 1 号	Medicago varia cv. Caoyuan No.1	抗寒性强 Cold resistance	1987
	草原 2 号	Medicago varia cv. Caoyuan No.2	抗寒性强 Cold resistance	1987
	草原 3 号	Medicago varia cv. Caoyuan No.3	产草量高 High forage yield	2002
	赤草 1 号	M.varia cv. Chicao No.1	抗寒 Cold resistance	2006
	甘农 1 号	M.varia cv. Gannong No.1	抗寒性强 Cold resistance	1991
	甘农 2 号	M.varia cv. Gannong No.2	抗寒 Cold resistance	1996
	公农 3 号	M.varia cv. Gongnong No.3	抗寒 Cold resistance	1999
	图牧 1 号	M.varia cv. Tumu No.1	抗寒性强 Cold resistance	1992
	新牧 1 号	M.varia cv. Xinmu No.1	抗寒性强 Cold resistance	1988
	新牧 3 号	M.varia cv. Xinmu No.3	抗寒性强 Cold resistance	1998

续表

种 Species	品种 Variety	学名 Latin name	主要特征 Key characteristics	登记年份 Year
杂花苜蓿 *Medicago varia*	公农 4 号	*M.varia* cv. Gongnong No.4	抗寒性强 Cold resistance	2011
	草原 4 号	*Medicago varia* cv. Caoyuan No.4	抗蓟马 Resistant to thrips	2015
苜蓿 *Medicago*	龙牧 801	*Melilotoides ruthenicus* × *Medicago sativa* cv. Longmu No.801	抗寒 Cold resistance	1993
	龙牧 803	*Melilotoides ruthenicus* × *Medicago sativa* cv. Longmu No.803	抗寒 Cold resistance	1993
	龙牧 806	*Melilotoides ruthenicus* × *Medicago sativa* cv. Longmu No.806	抗寒 Cold resistance	2002

3 苜蓿的利用

3.1 苜蓿营养成分及饲用价值

评定苜蓿营养价值的方法主要有化学分析法、消化试验和饲养试验等方法。苜蓿不仅是草食家畜的主要优质饲草，也是猪、禽、鱼配合饲料中重要的蛋白质、维生素补充饲料，含有动物生长发育必需的氨基酸、矿物质、各种维生素以及未知生长因子。研究结果表明，苜蓿初花期蛋白质含量一般在 17%~20%，脂肪含量一般 2%~3%，初花期苜蓿干物质中粗纤维含量 30% 左右；微量元素中含有畜禽必需的铁、铜、锰、锌、钴和硒，其中铁、锰含量较多；苜蓿中还含有动物需要的各种必需氨基酸，且含量丰富。

苜蓿中粗蛋白质和无氮浸出物消化率较高，一般都在 60% 以上，合适的收获时期可以最大限度保持苜蓿的营养物质和适口性，各种畜禽都喜食，每千克优质苜蓿草粉相当于 0.5kg 精料的营养价值。苜蓿利用方式广泛，既可青刈青饲，又可以制成干草、青贮、草块、草粉和草颗粒等，也可以用来放牧，但苜蓿含有较多的皂素和可溶性蛋白质，牛、羊等反刍动物采食大量鲜嫩苜蓿后，会在瘤胃中形成泡沫状物质，不能排除，引起膨胀病，造成死亡或生产力下降，因此放牧时要注意[5-9]。

3.2 苜蓿在反刍动物中的应用

反刍动物是指进食经过一段时间以后将在胃中半消化的食物返回嘴里再次咀嚼的偶蹄类动物，包括牛、羊、鹿、骆驼等。苜蓿在反刍动物瘤胃中有较高的降解率，并能提高其发酵、降解的性能,还可改善瘤胃的内环境。苜蓿在奶牛中的应用最为广泛,利用形式也多种多样,其中苜蓿干草是奶牛饲养中利用最多的一种形式,奶牛饲喂苜蓿可以提高乳脂率和产奶量,李志强等对苜蓿干草在高产奶牛日粮中适宜添加量进行了研究,结果表明奶牛日粮中添加9kg苜蓿干草可以大幅提高牛奶的产量与质量[50]。苜蓿饲喂肉牛,牛体重增长快、肉质好、效益高;苜蓿饲喂羊时,将干草加工成草粉饲喂效果良好。

3.3 苜蓿在单胃动物中的应用

单胃动物就是只有一个胃腺的动物,包括鸡、鸭、猪、马等。随着人们生活水平的提高,对家禽产品的质量要求也随之提高。紫花苜蓿草粉中叶黄素含量较高,约为240mg/kg。家禽饲养过程中,在饲料中适当添加苜蓿,不仅可使蛋黄颜色加深,还可降低饲料成本,提高产蛋性能,更具市场价值。猪是杂食动物,能有效利用各种动植物和矿物质饲料,苜蓿草粉是饲喂猪过程中利用最多的一种形式,紫花苜蓿的蛋白质含量较高,适量添加可提升猪的瘦肉率和质量,但如果过量添加,结果则适得其反。优质苜蓿干草喂马不仅可以节省精料,而且可以降低饲养成本。苜蓿不论在反刍动物,还是在单胃动物饲料中应用,都能获得良好的饲养效果和显著的经济效益[5, 6]。

3.4 苜蓿放牧利用技术

利用苜蓿放牧家畜的历史要远远早于苜蓿人工栽培的历史,中国最早引入苜蓿的目的就是放牧从西域带回的大宛马。直接在苜蓿田放牧,家畜患膨胀病的风险也增大,因此放牧利用时需要苜蓿与禾本科草混播,混播的优点是苜蓿秋季枯黄晚,可以适当延长家畜放牧时间,而且苜蓿与禾本科牧草混播比单播具有更大的生产潜力和更适宜制作青贮饲料[50]。苜蓿品种的适应性和持久性也是放牧草地的关键,放牧型苜蓿品种一般为根蘖型苜蓿,必须具有耐采食和耐践踏、再生速度快、耐环境胁迫、营养价值高和家畜膨胀病发生率低等特点。对于苜蓿放牧利用要严格控制放牧方式、放牧时间和放牧强度等[5, 6, 9]。

3.5 苜蓿的生态功能

苜蓿除了营养价值高,可作为饲草外,同时具有多重生态功能,是生态价值潜力巨大的生态草,对环境保护、生态农业和社会经济可持续发展有着重要意义。苜蓿作为多年生豆科植物,其根系深且有根瘤菌,具有固氮能力,每年每公顷可固定空气中的氮200~250kg,同时每年有大量枯枝叶落入土壤,还有苜蓿根的分泌物等,因此可以提高土壤有机质含量,培肥地力。苜蓿株丛密集,茎叶繁茂,覆盖度高,既能防风固沙,又能有效保持水土。苜蓿对于土壤结构有一定的改良作用,是改良盐碱地的首选作物,种植和翻压苜蓿,植物体在微生物作用下分解,产生各种有机酸,对土壤碱度起一定的中和作用,同时对白浆土、漠土和风沙土也有一定的改良作用。苜蓿也可起到美化环境,改善景观的作用[5, 6, 9]。

4 结语

我国已建成保存牧草种质资源的低温长期库、中期库和常温短期库,保存了包括地方品种、选育品种、引进品种和野生种等苜蓿种质资源,但搜集和入库保存的苜蓿种质数量较少,使得苜蓿育种工作有一定的局限性,但近 20 多年来已经有了很大的突破。我国地域辽阔,生态环境复杂多样,需要继续重视苜蓿种质资源的收集、保存和利用。

针对不同生态分布区,育种工作者要有针对性地育种,培育高产、优质、多抗的苜蓿新品种,实现苜蓿产品的多元化。为了拓宽苜蓿遗传基础,应通过种间杂交转移野生种的抗性基因,通过常规育种技术与现代育种技术相结合,包括诱变育种技术获得优良变异材料,生物技术获得转基因植株等,创造优异苜蓿种质材料;同时应建立和完善苜蓿种质资源的保护体系、育种体系和良种繁育体系。

近年来,国家大力加强对草业发展的引导,苜蓿产业作为草产业的支柱产业,已经成为草业发展的重中之重。2012 年国家启动了"振兴奶业苜蓿发展行动";为配合实施此行动,指导各地做好高产优质苜蓿示范片区建设,2013 年农业部制定了《2013 年高产优质苜蓿示范建设项目实施指导意见》,对涉草单位给予了一定的补贴;2014 年继续实施"振兴奶业苜蓿发展行动",一系列惠农政策的实施,给苜蓿产业的发展和苜蓿育种工作带来了前所未有的发展机遇,争取短时间内缩短与国外苜蓿育种水平的差距,尽早赶超世界发达国家的苜蓿育种水平。

参考文献

[1] Geng H Z. Alfalfa In China [M]. Beijing: China Agriculture Press, 1995.
耿华珠. 中国苜蓿 [M]. 北京：中国农业出版社，1995.

[2] Li X, Wei Y, Moore K J. Association mapping of biomass yield and stem composition in a tetraploid alfalfa breeding population. Plant Genome, 2011, 4: 24-35.

[3] He X T. China Grass Industry Statistics [M]. Beijing: National Animal Husbandry Terminus, 2011.
何新天. 中国草业统计 [M]. 北京：全国畜牧总站，2011.

[4] Hong F Z. Alfalfa Science [M]. Beijing: China Agriculture Press, 2009.
洪绂曾. 苜蓿科学 [M]. 北京：中国农业出版社，2009.

[5] Hong F Z. Research and Development of China Alfalfa Breeding [J]. Pratacultural Science, 1989, 6(6): 40-42.
洪绂曾. 中国苜蓿育种的研究与发展 [J]. 草业科学，1989, 6(6): 40-42.

[6] Yang Q C. Guide for Alfalfa Production and Management [M]. Beijing: China Forestry Publishing House, 2003.
杨青川. 苜蓿生产与管理指南 [M]. 北京：中国林业出版社，2003.

[7] Yang Q C. Guide for Alfalfa Planting Zone and Cultivar [M]. Beijing: China Agricultural University Press, 2012.
杨青川. 苜蓿种植区划及品种指南 [M]. 北京：中国农业大学出版社，2012.

[8] Yang Q C, Sun Y. The history, current situation and development of alfalfa breeding in China [J]. Chinese Journal of Grassland Science, 2011, 33(6): 95-101.
杨青川，孙彦. 中国苜蓿育种的历史、现状与发展趋势 [J]. 中国草地学报，2011, 33(6): 95-101.

[9] Li D. Analysis of the Development and Countermeasures of Alfalfa Industry in China [J]. Chinese Animal Husbandry and Veterinary Medicine, 2012, 39(12): 208-211.
李栋. 中国苜蓿产业发展的现状和面临的问题及对策分析 [J]. 中国畜牧兽医，2012, 39(12): 208-211.

[10] Yang Z M, Li S L. Problems and Countermeasures of The Alfalfa Industry in China, [J]. Cattle Breeding, 2009, 5: 60-63.
杨茁萌，李胜利. 中国苜蓿产业面临的问题及其对策，牛的繁育，2009, 5, 60-63.

[11] Maurice E. Heath, Robert F. Barnes, Darrel S. Metcalfe. Forages: The Science of Grassland Agriculture [M]. Iowa State Pr, 1995, 4 Sub.

[12] Mullfr M H, Poncet C, Prosperi J M, et al. Domestication history in the *Medicago sativa* species complex: inferences from nuclear sequence polymorphism[J]. Molecular Ecology, 2005, 15: 1589-1602.

[13] Smith S E, Al-doss A, Warburton M. Morphological and agronomic variation in North African and Arabian alfalfas [J]. Crop Science, 1991, 31:1159-1163.

[14] Segovia-Lerma A, Murray L W, Townsend M S, et al. Population-based diallel analyses among nine

historically recognized alfalfa germplasms[J].Theoretical and Applied Genetics, 2004, 109:1568-1575.

[15] Ban G. Western Han Chuan [M]. Beijing: Zhonghua Book Company, 2005.

班固. 汉书·西域传 [M]. 北京：中华书局, 2005.

[16] Jia S X. Qi Min Yao Shu [M]. Beijing: Unity Press, 1996.

贾思勰. 齐民要术 [M]. 北京：团结出版社, 1996.

[17] Chen G T. Compendium of Materia Medica Interpretation [M]. Beijing: Academy Press, 1992.

陈贵廷. 木草纲目通释 [M]. 北京：学苑出版社, 1992.

[18] Chen B S. Forage crop cultivation [M]. Beijing: China Agriculture Press, 2001.

陈宝书. 牧草饲料作物栽培学 [M]. 北京：中国农业出版社, 2001.

[19] Cao Z Z. Cultivation and utilization of high quality alfalfa [M]. Beijing: China Agriculture Press, 2002.

曹致中. 优质苜蓿栽培与利用 [M]. 北京：中国农业出版社, 2002.

[20] Lesins K A, Lesins I. Genus *Medicago* (Leguminosae). A Taxogenetic study[M]. W. Junk. The Eague,1979.

[21] Small.L, Jomphe. M. A synopsis of the genus *Medicago* (Leguminosae) [J]. Canadian Journal of Botany, 1989, 67: 3260-3294.

[22] Institute of Botany, The Chinese Academy of Sciences. The Main Plant of China (Second volumes) [M]. Beijing: Science Press, 1955.

中国科学院植物研究所. 中国主要植物图鉴（第二册）[M]. 北京：科学出版社, 1955.

[23] Liu H X. Chinese desert plants (Second volumes) [M]. Beijing: Science Press, 1987.

刘换心. 中国沙漠植物志（第二卷）[M]. 北京：科学出版社, 1987.

[24] Flora of China [M]. Beijing: Science Press, 1987.

中国植物志 [M]. 北京：科学出版社, 1998.

[25] Lu X S. The exploration and classification of genetic resources of genus *Medicago sativa* [J]. Chinese Journal of Grassland. 2009, 31(5): 17-22.

卢欣石. 中国苜蓿属植物遗传资源分类整理探究 [J]. 中国草地学报, 2009, 31(5): 17-22.

[26] Wu R R. Lu X S. Introduction and exploitation of Alfalfa Resources in China [C]. Beijing: Science and Technology of China Press, 1995.

吴仁润, 卢欣石. 我国苜蓿资源的简介与开发利用 [C]// 国草地科学研究与发展战略. 北京：中国科技出版社, 1995.

[27] Cui D F. Xinjiang alfalfa germplasm resources [J]. Xinjiang Agricultural Sciences. 1992(5):226-228.

崔大方. 新疆苜蓿属植物种质资源 [J]. 新疆农业科学, 1992(5): 226-228.

[28] Ma J M. Kinds and distribution of *Medicago* L. in northwest China [J]. Journal of Henan Normal University (Natural Science). 1991(3): 61-65.

马剑敏. 西北地区苜蓿属的种类和分布 [J]. 河南师范大学学报（自然科学版）, 1991(3): 61-65.

[29] Lu X S, He Q. The genetic variation in Rambler Alfalfa [J]. Acta Agrestia Sinica. 1998, 6(3):171-178.

卢欣石,何琪. 润布勒苜蓿遗传变异研究[J]. 草地学报,1998,6(3): 171-178.

[30] Association of official seed certifying agencies. A Report of the Alfalfa and Miscellaneous Legumes Variety Review Board. 2004-2014.

[31] Wei Z W, Gai J Y. Model legume: *Medicago truncatula* [J]. Acta Agrestia Sinica, 2008, 17(1): 114-120.

魏臻武,盖钧镒. 豆科模式植物——蒺藜苜蓿[J]. 草业学报,2008, 17(1):114-120.

[32] Yun J F. Forage and forage crop breeding [M]. Beijing: China Agriculture Press, 2001.

云锦凤. 牧草及饲料作物育种学[M]. 北京:中国农业出版社,2001.

[33] Ma J X, Zhang J Y, Shan L Y, ed al. Progress of the herbage variety approval and registration in China. Acta Prataculturae Sinica, 2011, 20(1): 206-213.

马金星,张吉宇,单丽燕,贠旭疆. 中国草品种审定登记工作进展. 草业学报,2011, 20(1): 206-213.

[34] Shi F L, Gao C P, Li H, et al. Research and utilization of male sterility in Alfalfa [M]. Beijing: Science Press, 2012.

石凤翎,高翠萍,李红. 苜蓿雄性不育性的研究与利用 [M]. 北京:科学出版社,2012.

[35] Wu Y F. Breeding of male sterile lines in Alfalfa [J]. Chinese Grassland, 1980(2):36-38.

吴永敷. 苜蓿雄性不育系的选育 [J]. 中国草原,1980(2): 36-38.

[36] Zhang Y M, Liu Z H, Wen Z Y, et al. The vacuolar Na^+-H^+ antiport gene *TaNHX2* confers salt tolerance on transgenic alfalfa (*Medicago sativa*)[J]. Functional Plant Biology, 2012, 39(8): 708-716.

[37] Liu L, Fan X D, Wang F W, et al. Coexpression of *ScNHX1* and *ScVPin* transgenic hybrids improves salt and saline-alkali tolerance in alfalfa (*Medicago sativa* L.)[J]. Journal of Plant Growth Regulation, 2013, 32:1-8.

[38] Mckersie B D, Murnaghan J, Jones K S, et al. Ironsuperoxide dismutase expression in transgenic alfalfa increases winter survival without a detectable increase in photosynthetic oxidative stress tolerance[J]. Plant Physiology, 2000, 122(4): 1427-1438.

[39] Shearer H L, Friedberg J, Bowley S R. Constitutively active sucrose phosphate synthase in transgenic alfalfa: Carbohydrate profiles and low temperature survival[A]. Molecular Breeding of Forage and Turf [C]. Dallas, TX, 2003.

[40] Zhang J Y, Broeckling C D, Blancaflor E B, et al. Overexpression of *WXP1*, a putative *Medicago truncatula* AP2 domain-containing transcription factor gene, increase cuticular wax accumulate on and enhances drought tolerance in transgenic alfalfa(*Medicago sativa*) [J]. The Plant Journal, 2005, 42(5): 689-707.

[41] Xu J, Li X L, Luo L. Effects of engineered *Sinorhizobium meliloti* on cytokinin synthesis and tolerance of alfalfa to extreme drought stress[J]. Applied and Environmental Microbiology, 2012,78(22): 8056-8061.

[42] Samac D A, Smigocki A C. Experssion of oryzacystatin I and II in alfalfa increases resistance to the

root-lesion nematode[J]. Phytopathology, 2003,93(7):799-804.

[43] Hipskind J D, Paiva N L. Constitutive accumulation of a resveratrol-glucoside in transgenic alfalfa increases resistance to *Phoma medicaginis*[J]. Molecular Plant-Microbe Interactions, 2000,13(5): 551-562.

[44] Mizukami Y, Houmura L. Production of transgenic alfalfa with chitinase gene(*RCC2*)[A].// 2nd International Symposium Molecular Breeding of Forage Crops[C]. Lorne and Hamitton, Victoria, 2000: 105.

[45] Yang S M, Gao M Q, Xu C W, et al. Alfalfa benefits from *Medicago truncatula*: the *RCT1* gene from *M. truncatula* confers broad-spectrum resistance to anthracnose in alfalfa[J]. Proceedings of the National Academy of Sciences of the united States of America, 2008, 105(34): 12164-12169.

[46] Bagga S, Armendaris A, Klypina N, et al. Genetic engineering ruminal stable high methionine protein in the foliage of alfalfa[J]. Plant Science, 2004, 166(2): 273-283.

[47] Gruber M Y, Ray H, Auser P. Genetoic system for condensed tannin Biotechnology[A]. //Gross G G, Hemingway R, Yoshida T. Plant Polyphenols[M]. New York: Plenum Press, 1999:315-341.

[48] Jackson L A, Shadle G L, Zhou R, et al. Improving saccharification efficiency of alfalfa stems through modification of the terminal stages of monolignol biosynthesis[J]. Bioenergy Research, 2008,1(3/4): 180-192.

[49] Hubbard, Hassanein. Confronting coexistence in the United States: organic agriculture, genetic engineering, and the case of Roundup Ready® alfalfa. Agriculture & Human Values, 2013, 30:325-335.

[50] Li Z Q, Han J G, Li S L, et al. Study on the optimal amount of alfalfa hay addition in the diet of high producing dairy cow. Scientia Agricultura Sinica, 2003, 36(8):950-954.
李志强, 韩建国, 李胜利, 等. 苜蓿干草在高产奶牛日粮中适宜添加量的研究 [J]. 中国农业科学, 2003, 36(8): 950-954.

种苜蓿的社会福利

陈幼春

(中国农业科学院北京畜牧兽医研究所,北京,100193)

  人工牧草由于光合作用强,其生物学产量比种谷物的产量高。苜蓿是豆科植物,它的蛋白质产量很高。在中国按产量一般为 6 000kg/hm² 计算,粗蛋白质产量 420kg/hm²,为 8%,其蛋白质为 28kg,加上秸秆的蛋白质产量为 735kg/hm²。苜蓿以 22.5t/hm² 干物质计算,其粗蛋白质含量为 24%~26%,则蛋白质为 5.25~6.00t/hm²,是粮食产量的 8~10 倍。为什么西方发达国家都种植苜蓿,道理即在此。

  其社会福利又在何处?显然,养畜通过牛羊猪鸡等产出肉、蛋、奶、皮、毛、血等,进行加工、细加工,产业链越来越长,农业的意义得到充分的体现。加上过腹还田,比直接种粮价值高。

  豆科牧草养牛羊产量高、成本低,是新西兰、澳大利亚的牛奶成本低的根本原因,那里毛和毛纺织品质优价格低,是价廉物美的毛料制品的主产国。我国的内蒙古等牧区应该学习并赶超。西南的丘陵山区也应当学习。农民转业、待岗要有更长的产业链,社会福利历历在目。

  苜蓿草是当前用于增加蛋白质营养,调节配方饲料营养价值,提高奶、肉、蛋等产品价格最有效的牧草,是畜牧业的有效红利来源。

2016 年 12 月 21 日

李时珍论牛肉与人体保健

陈幼春

（中国农业科学院北京畜牧兽医研究所，北京，100193）

在中国有两大长寿村，许多人都知道，一个在新疆的和田，另一个在广西的巴马。前者在大西北，以吃牛羊肉为主，后者在南方，以吃粮食为主。他们的习性有太多的区别，但是老百姓都很长寿，过百岁的不少。不能说只有吃素食才长寿，吃牛羊肉的好处也不少，《本草纲目》就有记载：

"黄牛肉"。气味：甘、温、无毒。主治：安中益气，养脾胃。补益腰脚，止消渴及唾涎。牛肉补气，与黄芪同功。（黄芪解：色黄，为补药之长，甘，微温，无毒。气薄味厚，可升可降，阴中阳也。入手为太阴气分，入手少阳，足少阴命门。）

人之胃，胃属土。受物而不能自运。七情五味，有伤中宫，停痰积血，互相缠纠。发为瘫痪，为劳瘵(zhài)，为蛊(zhōng)胀，成形成质，为窠(kē)为臼，以生百病而中宫愆(qiān)和，自非丸散所能去也。肉质胃之药也，熟而为液，无形之物也。故能由肠胃而透肌肤，毛窍爪甲，无所不到。在表者因吐而得汗，在清道者自吐而去，在浊道者自利而除。有如洪水泛涨，陈莝(cuò)顺流而去，盎然焕然，润泽枯槁，而有清爽之乐也。返本丸（用牛肉为主配制的）补诸虚百损。凡一切虚病，皆可服之。

"水牛肉"。气味：甘、平、无毒。主治：消渴。止开口宛泄，安中益气，养脾胃。别录：补虚，强筋骨，消水肿，除湿气。

以上节录自《本草纲目》（金陵版第二版，2194-2195，人民出版社）。古字难读，本人以拼音注之。

每人喜好各异，偏素食，偏肉食，无可非议。然而，人为杂食动物，食品宜多样，互补为佳。牛肉为美味之一，可享受之。入秋时节更适宜。

以上保健说为许多材料的综合，愿大伙共享之，专供老年人参考，不对之处，务请拨正。谢谢！

2013 年 5 月 16 日 星期四

论牛肉营养的十大保健因子

陈幼春

(中国农业科学院北京畜牧兽医研究所，北京，100193)

您可听说，北京市某区有家长们懂得牛肉的好处，都是长期地给孩子吃牛肉饭，功课都比较好。这些话虽然没有去考证，不过牛肉的营养好、风味好却是无人不知的。这里介绍牛肉的十大保健因子的知识，供参考。

牛肉是历届奥运会的必备菜肴，可见是世界级的营养品。我国科尔沁肉牛集团，自2008年成功申请成为中国奥运会牛肉的供应商以来，又被2010年第十六届亚运会认定为指定供应商，然后又被第26届深圳世界大学生运动会认定为唯一的指定供应商。牛肉的风味好早就为民众所知晓，为大众所爱好。牛肉的保健和康复功能是历历在目的，其营养成分如下。

一、牛肉的肌氨酸含量比任何食品的都高

在运动员开始进行训练时，肌氨酸是能量之源，比赛发力的头几秒钟里，它是肌肉产生能量的燃料，它可以有效地补充三磷酸腺苷，从而使训练和运动能持续得更久，对直接提高和增强肌肉力量特别有效。

二、牛肉富含维生素 B_6

当身体对蛋白质的需要量愈大时，同时要求增加的维生素 B_6 也愈多；牛肉含有足够的 B_6，可以帮助人体增强免疫力和新陈代谢，促进蛋白质成分的更新和合成，从而有助于紧张训练后的身体恢复。

三、牛肉有很高的肉毒碱含量

鸡肉和鱼肉中的肉毒碱含量低，而牛肉中的含量高。肉毒碱的作用是能产生支链氨基酸，用于支持脂肪的代谢，这种氨基酸有助于提高需求发力的运动员和健美运动员的肌肉动力，并塑造健美体态。

四、牛肉是亚油酸的来源

牛肉作为草食动物的身体组织成分，其特点之一是富含亚油酸。亚油酸是潜在的抗氧化剂，可以有效地为需要爆发力的运动，如为举重运动员等重量级运动员提供能量，有助于发力。对于可能造成组织损伤的情况下，要修复肌肉组织，也必须有亚油酸参与。

五、牛肉富含钾元素

牛为草食动物,牛肉含有极其丰富的钾元素。缺钾元素会抑制蛋白质的合成和生长激素的产生,从而影响肌肉的生长和劳损肌肉的复康。富钾食品有利于钠钾平衡,对心脏病治疗和心肌肥大与脑卒中的发生有预防作用。

六、牛肉为高蛋白质食品

牛肉是蛋白质含量极高的食品,以牛里脊肉(一般指西式牛排)为例,每113g就可以为我们提供产生22g人体肌肉蛋白的原料,为体育锻炼者必备的动物类食品。这是为什么国际级运动会的组委会都指定其为主要肉食的原因。

七、牛肉又是共轭亚油酸的来源

共轭亚油酸是人体不能合成的。牛肉与牛奶、羊肉同类,都是动物源食品中能提供共轭亚油酸来源的食品。共轭亚油酸也是美国科学院(NRC)认定的唯一的动物源的天然抗癌脂肪酸的来源,常食之得益匪浅。

八、牛肉含有丰富的丙氨酸

丙氨酸是能使食物蛋白质产生糖分的氨基酸。人们从食物中摄取的碳水化合物不足时,如丙氨酸摄取充足,则无须从肝脏中去动员和提取糖分,既无损于肝脏,又能缓解能量的不足,使人们的肌肉组织在能量重负中发挥应有的力量。运动员吃牛肉有助于取得好的成绩,恢复疲劳。

九、牛肉富含维生素 B_{12}

维生素 B_{12} 对红细胞的产生很重要,是抗氧化机制的一个重要环节。因为,红细胞是给组织输送氧气的,在抵制缺氧的作用上有不可替代的作用。维生素 B_{12} 又能促进支链氨基酸的新陈代谢,使全身在高强度的体育运动和训练时得到所需的氨基酸。

十、牛肉含有大量的铁、锌和镁

铁是造血必需的矿物质;锌与谷氨酸和维生素 B_6 共同作用,能增强免疫系统的活力,锌在防治儿童多动症和老年痴呆症上有卓效;镁是支持蛋白质合成和增强肌肉力量的元素,它的另一个重要作用是可以提高胰岛素的功能,促进糖的代谢,让胰岛素起到降糖作用,使糖尿病者得益。

牛肉的优点不尽于此,列举的几条足以证明其功能。牛肉即时即效,常食长效,是具有快速和持续效果的食品。吃牛肉使运动员强身,使老年朋友延寿,使小朋友睿智,大家吃了皆大欢喜。

牛肉保健说为许多材料的综合,愿大伙共享之。

附录－图集（除标明来源的照片，均为四川省畜牧科学研究院供图）

四川省宣汉县杂交构树种植

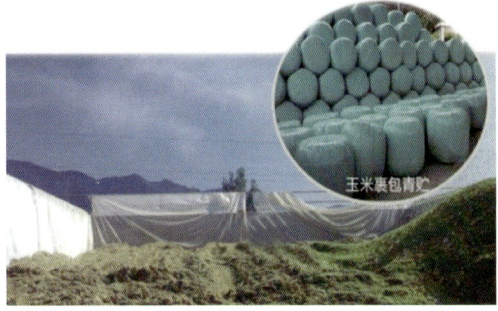
全株玉米青贮与打包青贮

2015年黑麦草种植

饲用玉米种植

高丹草种植，牧草总面积12.3万亩

春播一茬籽粒苋K112植株

密植粮饲兼用玉米地，8000株/亩

1998年连片苜蓿地

刘振邦（左）和周戈庄农民在甜高粱试验地

彩图一　中国农业科学院原畜牧科学研究所与中国社会科学院农村经济研究所合作山东高密实验基地种植饲用作物的情形

彩图二 亚热带中山地区人工草地放牧一景：左图为牧牛，右图为牧羊（吴克谦 摄）

作者在科尔沁科左后旗沙漠地区考察时留影，沙地没有改良前的柳树根部在近百年间被吹蚀深达一米左右（周鼎年 摄）

科尔沁草原科左后旗巴嘎宝力高苏木的熟耕地种植兼用种饲料玉米情景（孙鸿良 供）

科尔沁某公牛育肥场一角　　　　　　草甸放牧西门塔尔奶牛，科尔沁牛

彩图三 内蒙古草甸和畜牧业发展情景（陈幼春 摄）

附录－图集

肉牛胴体分割车间

高档牛里脊肉

彩图四　牛肉加工场景（科尔沁牛业　供）

2016年岳绍先（左）和孙鸿良（右）在长袋装青贮前

籽粒苋育肥猪

永清基地籽粒苋青贮打包场，每包重一吨

彩图五　河北永清籽粒苋产业场景（孙鸿良　供）

2004年新疆锡伯族自治县种植的红穗籽粒苋（孔·伊克坦和佟瑞清 摄）

中国农业科学院刘旭副院长（左）和作者（右）在克拉玛依怪柳封育地合影

彩图六　新疆植被情景

飞播湖北中山地区成功的红三叶草

通县（现通州区）苜蓿地

彩图七　北京牧草种植情景

彩图八　2005年作者（左一）与农业部畜牧司原司长陈耀春（左五）等在畜牧业战线上的老同学们合影

部分与会人员合影

作者（左）与原联合国粮农组织品种资源署官员霍杰斯先生交谈

彩图九　作者参加第三届国家协调员暨三方评审会议（1992年11月）的照片